Elisabeth Jakobi

Neues Werkbuch Kinderstunden

Für Jesus unterwegs

40 Entwürfe für Jungschar, Kindergottesdienst und Sonntagsschule

W0233098

BRUNNEN VERLAG GIESSEN/BASEL

ABCteam-Bücher erscheinen in folgenden Verlagen:
Aussaat- und Schriftenmissions-Verlag Neukirchen-Vluyn
R. Brockhaus Verlag Wuppertal
Brunnen Verlag Gießen (und Brunnquell Verlag)
Christliches Verlagshaus Stuttgart
(und Evangelischer Missionsverlag)
Oncken Verlag Wuppertal und Kassel

CIP-Titelaufnahme der Deutschen Bibliothek

Jakobi, Elisabeth:
Neues Werkbuch Kinderstunden: für Jesus unterwegs:
40 Entwürfe für Jungschar, Kindergottesdienst
und Sonntagsschule /
Elisabeth Jakobi. –
Giessen; Basel: Brunnen-Verl., 1990
(ABC-Team; 883: Werkbücher)
ISBN 3-7655-2883-8
NE: GT

© 1990 Brunnen Verlag Gießen
Umschlag: Rudolf Horn
Zeichnungen: Dieter Hermes
Satz: Typostudio Rücker & Schmidt, Langgöns
Druck und Verarbeitung: St. Johannis-Druckerei, Lahr

Inhalt

Neues Werkbuch Kinderstunden

✗ Zutreffendes bitte ankreuzen!

JA	NEIN	
JA	NEIN	„Ich brauche neue Ideen für meine Kinderstunden."
JA	NEIN	„Ich suche biblische Geschichten, die den Kindern noch nicht so sehr bekannt sind."
JA	NEIN	„Ich brauche Ideen, wie man einen Bibelvers in der Gruppe spielend lernt."
JA	NEIN	„Ich möchte Gelerntes vertiefen, ohne zu langweilen."

Dann ist das „Neue Werkbuch Kinderstunden" genau richtig. Die Berichte der Apostelgeschichte bieten selbst erfahrenen Mitarbeitern noch viel Neues. Das zu entdecken und weiterzugeben ist das Anliegen dieses Buches.

Tips für die praktische Arbeit

Wir brauchen:

- Unsere Bibel; als Ergänzung dazu das Neue Testament nach der Übersetzung „Hoffnung für alle" (viele der angegebenen Lernverse sind dieser Bibelausgabe entnommen).

● Eine Tapetenrolle mit unbedruckter Rückseite. Sie wird zur „Memo-Rolle" für die 40 Lektionen dieses Buches und dient nicht nur als Wandschmuck, sondern der Vertiefung. Zu jeder Lektion gehört eine Zeichnung, eine Skizze oder ein Vers, die wir hier eintragen.

● Filzstifte zum Malen und Schreiben für die Kinder (in einer Kaffeedose mit Vakuumdeckel aufbewahrt halten sie ertaunlich lange!) und zum Beschriften der Memo-Rolle.

● Klebstoff, Schere, Papier und Pappe in verschiedenen Farben (wer Mitarbeiter einer Druckerei kennt, sollte dort einmal nachfragen!).

● Nach Möglichkeit Zugang zu einem Kopierer, um Vervielfältigungen und Vergrößerungen herstellen zu können.

● Wir brauchen weiter: Zeit – oder besser: eine gute Zeiteinteilung. Was in Hetze geschieht, befriedigt keinen, weder uns selbst noch die Kinder in der Gruppe. Richtige Zeiteinteilung erfordert eine Menge Selbstdisziplin.

So halten wir z.B. den Tag der Gruppenstunde frei von allen vermeidbaren Verpflichtungen. Dann können wir uns vor der Stunde in Ruhe auf unsere Aufgabe konzentrieren. Wir werden rechtzeitig *vor* den Kindern im Gruppenraum sein, und in den Abendstunden danach überdenken wir den Tag, besonders die Stunde mit den Kindern, und sammeln bereits erste Gedanken, wie wir die Brücke zur nächsten Lektion schlagen. Dabei scheuen wir uns nicht, dieses Buch zum Arbeitsbuch zu machen. Unter dem Stichwort „Eigene Gedanken" notieren wir uns,

– worauf wir den Schwerpunkt der Lektion legen wollen
– was wir nicht vergessen dürfen: Geburtstage von Kindern (und Mitarbeitern!), Termine, die wir bekanntmachen müssen, Lieder, die besonders gern gesungen werden oder gut zur Lektion passen u.a.
– was gut angekommen ist; es eignet sich vielleicht zum Einstieg in die nächste Stunde!

Dann lesen wir uns die nächste Lektion durch – zuerst den Text in unserer Bibel und dann die vorbereitete Lektion. Dem Merkvers als Ziel der Lektion schenken wir besondere Beachtung. So wird uns der Text in den kommenden Tagen gedanklich begleiten.

Auch jetzt machen wir uns wieder Notizen. Was brauchen wir in der kommenden Stunde? Stoffreste? Farbe? Fotokopien? Zeit zum Vorbereiten der Zeichnungen für die Memo-Rolle? Wir wollen versuchen, gerade diese Zeichnungen ordentlich zu erstellen. Sie sind ein heimlicher Spiegel für unsere Selbstdisziplin im Blick auf Zeiteinteilung! Übrigens: Alle Vorlagen in diesem Buch dürfen kopiert werden.

Und nicht zuletzt brauchen wir bei aller Arbeit, in der Vorbereitung und in der Gruppe, das Gespräch mit unserem Vater im Himmel. Im Gebet alles bei ihm abladen dürfen – das befreit und schenkt Mut, nach vorne zu schauen, selbst wenn es manchmal schwierig wird. Das war zur Zeit der Apostel nicht anders!

Wie erzählt man spannend?

Mit den im Buch vorgegebenen Abschnitten „Hinweise zum Text" und „Gliederung und Erzählhilfen" beschäftigen wir uns gründlich. Eine Begebenheit spannend zu erzählen gelingt nur, wenn wir Hintergrund und Ablauf des Geschehens wirklich vor Augen haben (siehe auch Seite 7 und 9 im „Werkbuch Kinderstunden – Mit Jesus unterwegs"). Mir ist es eine große Hilfe, die Stichworte der Erzählung in *eigenen* Worten schriftlich festzuhalten; darüber hinaus bekomme ich so manche Erzähltips beim Erstellen der Skizzen und Bilder für die einzelnen Lektionen. Wie gut ist es dann, wenn gute eigene Gedanken nicht dem Zeitdruck zum Opfer fallen. Gliederung und Erzählhilfen des vorliegenden Buches sind wirklich nur Hilfen für die eigene Vorbereitung. Der Versuch, mit dem Buch in der Hand die biblische Geschichte den Kindern zu erzählen, wird erfahrungsgemäß kläglich scheitern.

Wie teilen wir die Lektionen des Buches für unsere Gruppen ein?

Vorschlag 1: Wir übernehmen die Lektionen in der Reihenfolge, wie sie vorgegeben sind. Das ist nicht unmöglich. Es hat den Vorteil, daß ein wichtiger Zeitabschnitt der biblischen Geschichte auch zusammenhängend vermittelt wird.

Vorschlag 2: Wir teilen die Lektionen in drei Abschnitte:
– Die Apostel und ihre Helfer (Lektion 1-12 und 16-19)
– Paulus – seine beiden ersten Reisen (Lektion 13-15 und 20-29)
– Die dritte Reise und die Fahrt nach Rom (Lektion 30-40)

Wenn wir uns für diese Dreiteilung entscheiden, müssen wir die Memo-Rolle an einer Stelle durch einen Nachtrag ergänzen. Wir schneiden sie einfach durch und kleben ein Stück ein, das Platz genug bietet für die folgenden Lektionen (13-15).
Eine weitere Möglichkeit zur Vertiefung bietet sich durch die Landkarten an (Seite 138ff.). Dazu verkleinern wir eine der vorgegebenen Skizzen (evtl. jene, die für die Memo-Rolle gedacht war) und kleben sie an der entsprechenden Stelle der Reiseroute ein. Wenn unsere Gruppe nicht sehr groß ist und die Kinder schon etwas älter, könnte auf diese Weise jedes Kind auch seinen eigenen Plan erstellen!

Vorschlag 3: Wir folgen dem Textplan, der für unsere Gruppe als Jahresplan vorgesehen ist, und bringen die Lektionen dieses Buches an den entsprechenden Stellen ein. Als Vertiefung können wir dann einzelne Skizzen oder Bilder zu Bastelvorschlägen umfunktionieren.

Vergrößerung mit Hilfe der Raster-Methode

Wenn keine anderen Hilfsmittel zur Hand sind (z.B. Fotokopierer mit Vergrößerungsmöglichkeit), lassen sich von den Zeichnungen in diesem Buch relativ einfach Vergrößerungen nach folgender Methode herstellen:

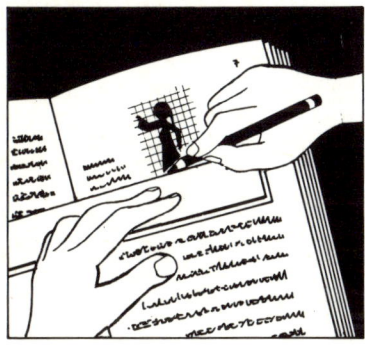

1. Mit Bleistift gleichmäßiges Raster über die Vorlage zeichnen.

2. Auf den Karton-Bogen ein entsprechendes vergrößertes Rastersystem zeichnen.

3. Die Vorlage Kästchen für Kästchen auf den Kartonbogen übertragen.

4. Zum Schluß die Hilfslinien des Rasters wieder ausradieren.

Wir basteln unsere „Memo-Rolle" für den Gruppenraum

1. Den Anfang der Tapete auf Holzstab festkleben.
2. Damit das aufgerollte Stück nicht zurückfallen kann, einen Einschnitt in beide Enden des Holzstabes machen und Kordel von unten nach oben einhängen (kleine Skizze).
3. Den unteren Teil der Rolle zum Schutz in einen Karton legen.

So ist dieses Buch tatsächlich ein „Werkbuch". Es möchte Ihnen helfen, für Jesus unterwegs zu sein, heute – an Ihrem Ort – in Ihrer Gruppe. Ich wünsche Ihnen, daß es gelingt.

Elisabeth Jakobi

1 Augenzeugen

Text

Apg. 1,1-14; 2,1-13

Lernvers

Jesus sagt: Ihr werdet meine Zeugen sein! Apg. 1,8

Hinweise zum Text

Mit wenigen Worten geht Lukas auf das ein, was wir gern in allen Einzelheiten wissen möchten:
– Wie war das genau, als Jesus in den Himmel aufgenommen wurde?
– Was hat Jesus in den vierzig Tagen zwischen Auferstehung und Himmelfahrt noch gesagt und gelehrt?
– Wie sehen Engel wirklich aus? (V. 10)
Das macht uns deutlich, daß die Bibel nicht unsere Neugierde befriedigt, sondern sagt, was wir wissen sollen und müssen.

Vers 12: „Sabbatweg": Etwa 1 km; nach den religiösen Vorschriften war es nicht erlaubt, am Sabbat – dem wöchentlichen Feiertag der Juden – eine längere Strecke zu gehen.

Kap. 2,1: „Pfingsten", eigentlich „Laubhüttenfest": Ein hoher Festtag der Juden, der im Tempel gefeiert wurde, und zwar 50 Tage nach dem Passafest.

Vers 5-6: Die Zuhörer kamen aus verschiedenen Ländern; viele von ihnen sprachen nicht Aramäisch und konnten die Umgangssprache in Israel deshalb nur schwer oder gar nicht verstehen. Nun sind sie erstaunt, ihre eigene Sprache zu hören. Der Heilige Geist machte die Jünger fähig, Sprachen zu sprechen, die sie nie gelernt hatten.

Gliederung und Erzählhilfen

Wir fassen den Text in einem Brief zusammen und lesen ihn vor.

Den Umschlag aus farbigem Papier basten. Den Brief als Fotokopie einlegen und am Anfang der Stunde in die Memo-Rolle kleben. Zum Vorlesen Brief herausnehmen und später in einzelnen Bögen aufkleben. Lernvers eintragen.

Verehrter, lieber Theophilus!

Du kannst Dich bestimmt noch an meinen ersten Brief erinnern. Ich habe Dir von Jesus erzählt und von den Menschen, mit denen er zusammen war.

Jesus war gut zu allen, aber nicht alle waren gut zu ihm. Einige lehnten ihn ab; sie ärgerten sich z.B. darüber, daß er Gott im Himmel seinen Vater nannte. Diese Leute brachten es schließlich fertig, daß Jesus von den Römern zum Tod am Kreuz verurteilt wurde.

Aber die Trauer seiner Freunde dauerte nur kurze Zeit: Gott hat 3 Tage später Jesus von den Toten auferweckt. 40 Tage blieb Jesus damals bei seinen Jüngern. Das war eine glückliche Zeit! Immer, wenn Jesus mit seinen Jüngern zusammen war, sprach er mit ihnen über das Reich Gottes.

Da gab es viel zu fragen, und manchmal wollten die Jünger sogar mehr wissen als nötig. Jesus antwortete: „Das weiß mein Vater allein! Ihr braucht es nicht zu wissen. Eure Sache soll es sein, überall und allen Menschen von mir zu erzählen. Dazu braucht ihr Mut und Kraft. Mein Vater wird sie euch schenken. Der Heilige Geist wird zu euch kommen, wenn ich weggegangen bin. Wartet in Jerusalem, bis es geschieht."

Das waren die letzten Worte, die Jesus zu seinen Jüngern sprach. Eine Wolke hüllte ihn ein, – und er kehrte zu seinem Vater im Himmel zurück. Sprachlos vor Staunen schauten die Jünger zum Himmel hinauf. So bemerkten sie gar nicht, daß zwei ganz in Weiß gekleidete Männer zu ihnen gekommen waren. „Ihr Männer aus Galiläa", sagten diese, „was steht ihr hier und schaut zum Himmel hinauf? Gott hat Jesus zu sich in den Him-

mel genommen. Aber denkt daran: Eines Tages wird er genauso zurück-
kommen!" Dann waren auch die beiden Männer wieder verschwunden.
Das alles geschah am Ölberg. Er liegt etwa 1 km von Jerusalem entfernt.
„Wenn wir in Jerusalem auf den Heiligen Geist warten sollen, müssen wir
sofort dorthin gehen", sagten die Jünger.

In Jerusalem gab es ein Haus, in dem sich die Jünger oft trafen. Dorthin
gingen sie auch jetzt. Aber sie jammerten und weinten nicht, weil Jesus sie
so plötzlich verlassen hatte, nein, sie beteten! Sie wußten: Gott macht
alles richtig, Gott macht alles gut!

Manchmal waren es 120 Menschen, die sich hier trafen!

Kurze Zeit später wurde in Jerusalem das jüdische Pfingstfest gefeiert.
Dazu kamen Menschen aus vielen Ländern der Welt. Auch an diesem Festtag waren die Jünger wieder beieinander. Und an diesem Tag erfüllte Gott
sein Versprechen; er sandte den Jüngern den Heiligen Geist.

Das war etwas so Mächtiges und Wunderbares, daß es sich kaum beschreiben läßt. Es rauschte, als ob ein Sturm losbrechen wollte – aber es kam kein
Sturm. Es loderte, als ob überall Feuer brennen würde – aber es war kein
Feuer. Aber was war es denn? Gott zeigte allen Menschen, daß sein guter
Heiliger Geist etwas ganz Großes, etwas ganz Wichtiges ist. Den Heiligen Geist kann man nicht sehen – aber was er bewirkt, wird jedem klar und
deutlich.

Die Festbesucher beim Pfingstfest in Jerusalem sahen und hörten es. Plötz-
lich konnten die Apostel die Gute Nachricht von Jesus weitersagen in
Sprachen, die sie nie gelernt hatten: ein Wunder, das Gott durch seinen
Heiligen Geist bewirkte.

„Kannst du dir das erklären?" fragten sich die Leute erstaunt. Wie immer,
machten sich auch einige lustig. Sie verspotteten die Jünger: „Die sind
betrunken, Leute! Merkt ihr das denn nicht? Laßt euch bloß nichts vormachen!"

„Nein, wir sind nicht betrunken!" rief Petrus. „Was ihr hier seht und hört,
hat Gott geschenkt. Versprochen hat er es uns schon vor vielen Jahren.
Nun ist es endlich wahr geworden: Er hat uns seinen guten Heiligen Geist
gegeben …"

Nun hatten die Jünger Mut und Kraft, allen die Gute Nachricht von Jesus
weiterzusagen!

Wir lernen den Merkvers

Wir sprechen den kurzen Satz einmal gemeinsam und überlegen dabei, wer ein Zeuge ist (vgl. ein Zeuge vor Gericht – ein Zeuge bei einem Unfall. Nur der kann Zeuge sein, der selbst gesehen und gehört hat, was passiert ist. Er muß dabeigewesen sein).
Der Tagesvers wird in den Lektionen 11 und 20 wiederaufgegriffen und weitergeführt.

Vertiefung

Die vorgefertigte Tapetenrolle = „Memo-Rolle" hängen wir für alle sichtbar auf. Unseren Brief kleben wir in das erste Feld und schreiben den Lernvers dazu.

Eigene Gedanken zur Lektion

_____

_____

_____

_____

_____

_____

_____

_____

_____

_____

_____

_____

_____

_____

_____

_____

2 Petrus – ein mutiger Zeuge Jesu

Text

Apg. 2,14-47

Lernvers

Wer den Namen des Herrn anruft, soll gerettet werden. Apg. 2,21

Hinweise zum Text

Vers 14: Petrus ist verwandelt. Noch vor wenigen Tagen hat er Jesus vor ein paar Leuten am Kohlenfeuer verleugnet, und nun bekennt er sich hier vor Tausenden zu ihm! Dieser Mut, diese Kraft sind Wirkungen des Heiligen Geistes.

Vers 15: „Die dritte Stunde": 9 Uhr vormittag.

Vers 37: „Es ging ihnen durchs Herz": Die Menschen sind betroffen; sie sind nachdenklich geworden.

Vers 38: „Tut Buße": Ändert euch, kehrt um. Denkt und handelt nicht länger nach euren bösen Vorstellungen. Wendet euch Gott zu.

Gliederung und Erzählhilfen

1. Was Gott versprochen hat (V. 14-21)
   Hört mir zu! Betrunken?! Niemals! / Es ist erst 9 Uhr / Kennt ihr Joel, den Mann aus dem Alten Testament? Er sagte ... / Das war ein Versprechen Gottes / Heute löst er es ein; ihr erlebt es mit / Gott will nicht, daß wir vor Angst zittern / Er will uns retten, er will uns froh machen.

2. Was Gott durch Jesus getan hat (V. 22–36)
   Von Jesus und seinen Taten habt ihr alle gehört / Er war unter uns auf dieser Erde, weil Gott es so wollte / Aber ihr habt ihn den Römern ausgeliefert / Er wurde ans Kreuz geschlagen / Gott hat ihn wieder lebendig gemacht / Jesus ist nicht irgendwer, er ist Gottes Sohn, der verheißene Nachkomme von König David / Jetzt ist Jesus der Herrscher / Er beschenkt uns mit dem Heiligen Geist.

3. Was sollen wir tun? (V. 37–41)
   Die vielen Menschen sind nachdenklich geworden / Petrus, wir glauben ja, was du uns sagst, aber was sollen wir denn jetzt tun? Wir können an dem, was wir Jesus angetan haben, doch nichts mehr ändern / Ändert euch! Sagt es Gott, daß euch das Böse leid tut / Gott wird euch vergeben und mit dem Heiligen Geist beschenken – so wie uns!

4. Eine große Familie (V. 42–47)
   Zuerst waren es nur 120 Leute – jetzt sind es schon Tausende / Was tun die ersten Christen, wenn sie sich treffen? Sie hören auf Gottes Wort / Sie beten / Sie leben zusammen, sie feiern das Abendmahl / Sie freuen sich, daß die Gottesfamilie immer größer wird.

Wir lernen den Merkvers

W. R D . N
N . . . N D . S
H . . . N A . . . . T,
S . . L G . . . . . . T
W . . . . N .

Apostelgeschichte 2,21

Wir schreiben den Spruch
als Lückentext
an die Tafel:

Die Punkte entsprechen den Buchstaben, die noch gesucht werden müssen. Die Kinder machen Vorschläge!

Vertiefung

WER DEN NAMEN DES HERRN ANRUFT, SOLL GERETTET WERDEN.

Apostelgeschichte 2,21

An der Memo-Rolle:
Petrus, der mutige Zeuge
Jesu. Sein Schattenbild
wird angeklebt.

Wenn die Möglichkeit besteht, sollten wir auch von den Kindern Schatten-
bilder erstellen. Sie schmücken nicht nur unseren Raum, sondern können
auch einmal an einem Familientag eingesetzt werden, dann dürfen Vater
und Mutter „ihr" Kind aussuchen.

Dazu brauchen wir: Eine helle Lichtquelle und evtl. Verlängerungsschnur,
Filzschreiber, Schere und Kleber. Für jedes Kind einen dünnen Bogen wei-
ßes Papier und einen festeren in Schwarz, beide mindestens DIN A3.
Wenn es die Licht- und Wetterverhältnisse erlauben, setzen wir die Kinder
hinter einen geöffneten Fensterflügel; auf die andere Seite der Scheibe kleben wir das weiße Papier. Das Profil des Kindes wird nun so hell ange-
strahlt, daß wir die Umrisse des Kopfes ohne Schwierigkeiten nachzeich-
nen können. Das Profil wird sauber ausgeschnitten und auf die schwarze
Unterlage geklebt.

Eigene Gedanken zur Lektion

3 Was Petrus und Johannes im Tempel erleben

Text

Apg. 3,1-11

Lernvers

Geld habe ich nicht. Aber was ich habe, will ich dir geben. Im Namen Jesu Christi von Nazareth: Stehe auf und geh! Apg. 3,6

Hinweise zum Text

Die ersten Christen blieben der jüdischen Volksgemeinschaft, in der sie lebten, und dem Gottesdienst im Tempel treu – trotz allem, was die religiöse Obrigkeit ihrem Herrn Jesus Christus angetan hatte. So gehen Petrus und Johannes zur offiziellen Gebetszeit in den Tempel.

Vers 1:	„Die neunte Stunde" = 15 Uhr.
Vers 2:	„Von Geburt an lahm" = schon über 40 Jahre (vgl. Kap. 4,22).
Vers 4-5:	„Sieh uns an!" Blicke voller Hoffnung, voller Glauben, voller Zuversicht. Gott zwingt seine Hilfe ja niemandem auf.
Vers 6:	„Was ich habe, das gebe ich dir." Die Jünger hatten nichts außer dem festen Glauben an die Macht Jesu.
Vers 8:	Der Lahme begreift sofort, wer an ihm gehandelt hat: Er lobt Gott! Keine falsche Ehre für Petrus und Johannes. Die Volksmenge, die zusammenkommt, wird auf Jesus Christus hingewiesen, den von Gott versprochenen Retter.

Gliederung und Erzählhilfen

1. Auf dem Weg zum Tempel (V. 1-2)
   Zwei Männer wollen im Tempel am täglichen Gebets-Gottesdienst teilnehmen, ein anderer wird zum Tempel getragen / Er will – soll – muß – betteln / Er ist über 40 Jahre alt, kann nicht gehen / Tag für Tag das gleiche ...

2. Es geschah vor dem Tempel (V. 3-7)
   Zwei Männer dürfen hineingehen, der dritte hat es noch nie gekonnt /

Sein Stammplatz an der Tempeltür ist ein „guter" Platz, fromme Leute spenden hier etwas / Sein Teller bleibt nicht leer / Die zwei Männer, Petrus und Johannes, haben nichts für den Teller, dafür aber etwas für das Herz des Menschen / Ob er das will? / „Sieh uns an!" / Was kann man in den Augen lesen? / „Was ich habe, gebe ich dir ..." / Was hat Petrus? Vertrauen zu Jesus: Jesus kann! / Sein Vertrauen „steckt an" / Ein kräftiger Händedruck, ein mutiges Zugreifen / Ein schier unglaublicher Befehl: Steh auf! Geh! / Ein Bettler – außer sich vor Freude, ein Lahmer, der laufen und springen kann, ein Mund, der nicht seine Wohltäter, sondern Gott lobt.

3. Es geschah im Tempel (V. 8-11)

   Wer macht denn hier so viel Lärm? / Den kennen wir doch ... das ist doch ... das kann aber doch gar nicht sein ... / Der saß doch gerade noch lahm vor der Tür / Hat der uns etwas vorgemacht? / Fassungsloses Staunen / Gedränge entsteht ... / Da gibt's was zu sehen! / Der Geheilte bleibt bei Petrus und Johannes – aber er lobt nicht sie, sondern Gott.

Wir lernen den Merkvers

Den Tagesvers lernen wir heute als Lied.

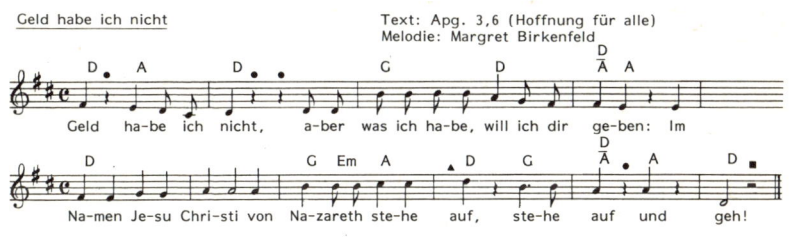

Geld habe ich nicht

Text: Apg. 3,6 (Hoffnung für alle)
Melodie: Margret Birkenfeld

Geld ha-be ich nicht, a-ber was ich ha-be, will ich dir ge-ben: Im Na-men Je-su Chri-sti von Na-zareth ste-he auf, ste-he auf und geh!

• klatschen   ▲ aufstehen   ■ auf der Stelle laufen

Vertiefung

Für die Memo-Rolle fertigen wir ein Schattenbild an und kleben es ein. Text des Lernverses in Sprechblase schreiben.

Eigene Gedanken zur Lektion

4 Für Jesus ins Gefängnis

Text

Apg. 3,11-26; 4,1-4

Lernvers

Kehrt um zu Gott, damit er euch die Sünden vergibt. Apg. 3,19

Hinweise zum Text

Gottes Geist befähigt die Jünger, Wunder zu vollbringen, wie Jesus sie tat. Und nach dem Vorbild Jesu handeln die Jünger: Heilung und Verkündigung gehören zusammen.

Vers 13-15:	„Knecht Jesus": Im AT wird besonders deutlich in Jesaja 53 vom Gottesknecht geredet, ein Hinweis auf Jesus.
	Das Wort „verleugnet" gebraucht Petrus gleich zweimal. Wie gut weiß gerade er, was dieses Wort aussagt und wie einem danach zumute ist (vgl. Joh. 18,15-27; 21,15-19)!
	Beachtlich ist, wie gut sich der Fischer Petrus im Alten Testament auskennt. Er ist in seiner Bibel zu Hause!
Vers 17:	„In Unwissenheit getan." Sie haben sich verführen lassen. Trotzdem bleibt verkehrtes Handeln verkehrt.
Kap. 4,1:	Die Sadduzäer, die im Hohen Rat stark vertreten sind, leugnen die Auferstehung der Toten. Die Aussagen der Jünger von der Auferstehung Jesu machen sie so wütend, daß sie die beiden Jünger hinter Schloß und Riegel bringen.
	Doch die Verhaftung kann nicht verhindern, daß andere Zuhörer an Jesus glauben und zu denen halten, denen empfindliche Strafen angedroht werden.

Gliederung und Erzählhilfen

1. „Wir glauben an Jesus, darum ist dieser Mann gesund geworden!" (V. 12-16)

Ein großes Gedränge, viel Lärm / Ein durchdringendes Wort, ein mutiges Zeugnis / Was habt ihr mit Jesus gemacht? / Wir sind keine Wunderheiler, wir sind Boten und Zeugen Jesu / Den Mann, der jetzt gesund hier steht, kennt ihr / Durch das Vertrauen zu Jesus ist er gesund geworden.

2. Jesus will, daß ihr euch ändert! (V. 17-26)
   Ihr habt nicht gewußt, daß Jesus der von Gott versprochene Retter ist / Trotz eures bösen Tuns ging Gottes Plan in Erfüllung / Erinnert euch doch daran, was die Propheten vorausgesagt haben / Aber jetzt: Ändert euch, gehorcht Jesus, damit Gott euch vergeben kann / Bekennt euch zu ihm.

3. Die Tempelpolizei greift ein (Kap. 4,1-4)
   Petrus und Johannes bezeugen den Menschen im Tempel, daß Jesus auferstanden ist und lebt / Die Sadduzäer behaupten, das sei eine Lüge; sie nennen es sogar Gotteslästerung / Die Tempelpolizei greift ein und nimmt Petrus und Johannes fest / Trotzdem glauben viele Menschen an Jesus / Jetzt sind es schon 5000!

Wir lernen den Merkvers

TBIGREV
NEDNÜS
RE HCUE EID
TIMAD
,TTOG UZ
MU TRHEK

91,3 .GPA

Unseren Tagesvers schreiben wir heute so, daß wir ihn ganz und gar „umkehren" müssen:

So machen wir ein wenig deutlich, was Umkehr heißt: Falsches lassen und dem Richtigen zustimmen und in die Tat umsetzen.

Vertiefung

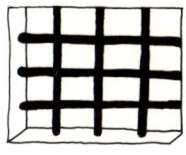

TBIGREV
NEDNÜS
RE HCUE EID
TIMAD
,TTOG UZ
MU TRHEK

91.3 GPA

Als Vertiefung der Lek-
tion für die Memo-Rolle
zeichnen wir ein vergit-
tertes Fenster ein.

Eigene Gedanken zur Lektion

5 Keine Angst vor großen Leuten!

Text

Apg. 4,5-22

Lernvers

Wir können unmöglich verschweigen, was wir gesehen und gehört haben!
Apg. 4,20

Hinweise zum Text

Vers 5-7:	Nun müssen sich Petrus und Johannes vor demselben Gericht verantworten, das nur wenige Wochen vorher Jesus zum Tode verurteilt hat. Die Jünger wissen, daß diese „hohen Herren" zu allem fähig sind. Mit Bestechungsgeldern hatten sie die Wachsoldaten am Grab Jesu zu falschen Aussagen genötigt (Matth. 28,11-15).
Vers 10:	Und nun müssen sie sich von Petrus in aller Deutlichkeit sagen lassen: Jesu Leichnam wurde nicht gestohlen. Jesus ist auferstanden. Durch *seine* Kraft wurde der Lahme gesund. (Siehe auch die Erklärung zu Lektion 8.)
Vers 11:	Vers 11 ist ein Zitat aus Psalm 118,22.
Vers 12:	Mit Jesus kam das Heil in die Welt; durch ihn werden wir geheilt – von Sünde und Schuld, und, wenn es dem Willen Gottes entspricht, auch körperlich.
Vers 13-14:	Sie sahen – sie verwundern sich. Sie können gegen das, was die Jünger sagen, einfach kein Argument finden.
Vers 17-22:	Ihre Hilflosigkeit verstecken sie hinter harten Befehlen, mit denen sie sich anscheinend selbst beweisen wollen, wie mächtig sie sind. Doch ihre Drohungen und ihr Redeverbot wirken bei den beiden Jüngern nicht.
	Wie geschickt weiß Petrus mit seiner Aufforderung: „Urteilt doch selbst, ob es vor Gott recht ist ..." den Hohen Rat daran zu erinnern, daß nicht er die letzte Instanz für die Zeugen Jesu ist.

Gliederung und Erzählhilfen

1. Eine Sondersitzung beim Gericht in Jerusalem (V. 5-6)
   Der Hohepriester Hannas unterhält sich mit den anderen über das, was geschehen ist. (So knüpfen wir an die vorige Lektion an.)

2. Petrus und Johannes werden verhört (V. 7-12)
   „Wer hat euch den Auftrag gegeben, das alles zu tun?" / Petrus läßt sich nicht einschüchtern: „Jesus von Nazareth ... / Ich will euch genau sagen, wer Jesus ist ..."

3. Die Richter sind ratlos (V. 13-17)
   Petrus und Johannes werden zur Beratung hinausgebracht / Die Männer haben sie als Jünger Jesu wiedererkannt ... / Große Ratlosigkeit / Das Wunder, das an dem Lahmen geschehen ist, kann keiner leugnen. Der Geheilte steht ja vor ihnen / Da bleibt nur ein strenges Verbot: Niemals wieder von diesem Jesus reden ...

4. Das Urteil wird verkündet (V. 18-22)
   Petrus und Johannes erkennen das Urteil nicht an. Das ist mutig! Noch einmal werden sie scharf verwarnt / Freilassung, weil die „großen Leute" Angst haben / In ganz Jerusalem redet man von diesem Wunder.

Wir lernen den Merkvers

Den Spruch schreiben wir mit bunter Kreide an die Tafel. Beim gemeinsamen Lesen und Wiederholen dürfen die Jüngsten in der Gruppe immer die nächste Farbe bestimmen, die weggewischt werden soll.

WIR KÖNNEN UNMÖGLICH ERSCHWEIGEN WAS WIR GESEHEN UND GEHÖRT HABEN! APOSTELGESCHICHTE 4,20

Vertiefung

Auf unsere Memo-Rolle
zeichnen wir zwischen
Petrus und Johannes eine
große Sprechblase und
schreiben den Tagesvers
hinein.

Eigene Gedanken zur Lektion

_____
_____
_____
_____
_____
_____
_____
_____
_____
_____
_____
_____
_____
_____
_____
_____
_____
_____
_____
_____
_____
_____
_____
_____
_____
_____
_____
_____
_____
_____
_____
_____

6 Alle machen mit!

Text

Apg. 4,23-37

Lernvers

Alle Christen waren ein Herz und eine Seele. Apg. 4,32

Hinweise zum Text

Die Schwierigkeiten bewirken bei der großen Schar der ersten Christen nicht Angst und Verzagtheit, sondern mutiges Beten!

Vers 29: „Freimut". Das Gegenteil wäre Angst, Verzagtheit oder Resignation.

Den „freien Mut", so offen von Jesus zu reden, haben die Jünger nicht aus sich selbst. Sie erbitten ihn von Gott. Und durch Gottes Geist wird er ihnen geschenkt.

Vers 31: Und wer aufrichtig betet, erlebt Gottes gewaltige Macht.

Vers 32-35: Die erste Gemeinde in Jerusalem wird kurz und treffend beschrieben: Menschen, die durch Jesus von ihren Sünden frei geworden sind, sind nun willig, was sie haben als Geschenk anzusehen und mit anderen zu teilen. Was sie tun, tun sie frei-willig. Keiner wird zu etwas gezwungen. Doch was man tut, soll man mit ganzem Herzen tun.

So ist es bis heute: Bei Jesus gibt es keinen Zwang! (Vgl. Joh. 6,67.)

Vers 36-37: Ein Mann aus Zypern wird erwähnt. Seine herausragende Eigenschaft: Er kann trösten, er kann Mut zusprechen, er hat Geduld ... Bald kennen ihn alle, allerdings nicht unter seinem eigentlichen Namen „Josef", sondern unter dem Namen „Barnabas" – das heißt „Sohn des Trostes". Trösten-können ist eine besondere Gabe (1. Kor. 14,31). (Kinder verwechseln leicht die Namen Barnabas und Barabbas. Darum deutlich darauf hinweisen, daß Barnabas nicht jener Verbrecher ist, der auf Drängen des Volkes von Pilatus freigegeben wurde, Matth. 27,15-26.)

Gliederung und Erzählhilfen

1. Petrus und Johannes berichten, was sie als Gefangene erlebt haben (V. 23)

2. Miteinander und mit Gott reden – das macht Mut! (V. 24–30)
   Beten: Gott loben / Sich daran erinnern, was die Bibel sagt, und daran, daß Gott Wort hält / Bitte um Hilfe, um Mut, um Kraft, ja sogar um weitere Wunder.

3. Christen halten zusammen (V. 32–35)
   Miteinander teilen macht Freude / Miteinander teilen hilft allen.

4. Josef – mit dem Zunamen Barnabas (V. 36–37)
   Er hat die Menschen lieb / Er spricht mit ihnen; er weiß, wie es ihnen geht, was sie denken, was sie fühlen / Er tröstet die Traurigen / Er macht vielen immer wieder Mut / So kann man „ein Herz und eine Seele" sein.

Wir lernen den Merkvers

Die einzelnen Worte des Spruches schreiben wir auf Herzen. Einige Kinder kommen nach vorne, haken sich ein und halten jeweils in der rechten Hand ein beschriftetes Herz. Wer so zusammenhält, ist „ein Herz und eine Seele".

Vertiefung

Jedes Kind schneidet für sich ein Herz aus, malt ein fröhliches Gesicht darauf und klebt es auf der Memo-Rolle in einen vorgezeichneten Kreis. Der Kreis sollte nur so groß sein, daß keine Zwischenräume entstehen.

Eigene Gedanken zur Lektion

7 Vor Gott kann man nichts verstecken

Text

Apg. 5,1-11

Lernvers

Es ist kein Wort auf meiner Zunge, das du, Herr, nicht schon wüßtest.
Psalm 139,4

Hinweise zum Text

Heuchelei ist der Versuch, vor Gott und Menschen eine Rolle zu spielen.

Vers 1:   Was Hananias und Saphira tun, wurde nicht von ihnen verlangt: Sie verkaufen ihren Acker; sie bestimmen, wieviel von dem Geld sie der Gemeinde zur Verfügung stellen wollen. Aber sie möchten frömmer erscheinen, als sie sind. Sie sind sich einig, nur die „halbe Wahrheit" zu sagen. Sie sind sich einig, die anderen Christen zu belügen.

Vers 3:   So kommt es, daß der Teufel wieder Platz bekommt in ihrem Leben.
Woher weiß Petrus von der Heuchelei der beiden? Gottes Heiliger Geist hat ihm diesen Durchblick geschenkt (vgl. 1. Kor. 12,10).
Petrus deckt mutig diese verhängnisvollen Dinge auf; er stellt die Schuldigen zur Rede, aber er verhängt keine Strafe. Das, was in dieser traurigen Begebenheit dann geschieht, geschieht durch Gottes Eingreifen.

Vers 11:   Die Schuldigen werden hinausgetragen und beerdigt. Die Gemeinde ist erschüttert: So heilig ist Gott!

Gliederung und Erzählhilfen

1. Hananias und Saphira (V. 1-2)

   Wir haben doch auch Äcker, was machen wir damit? / Sollten wir einen davon verkaufen? / Was ist, wenn wir es tun – was ist, wenn wir es nicht tun? / Wir müssen es ja nicht, aber wir sind bestimmt viel angesehener, wenn ... / Barnabas hat doch auch ... / Wieviel ist der Acker wert? Hananias findet einen Käufer, der einen hohen Kaufpreis bezahlt / Oh, so viel ...! / Wollen wir das alles hergeben? / Ja, das macht Eindruck / Könnten wir nicht ... / Es weiß doch niemand, wie hoch der Kaufpreis wirklich war / Ja, das machen wir ...

2. In der Gemeinde (V. 3-10)

   Hananias kommt allein, er bringt das Geld und überreicht es Petrus / Alle sehen es, alle hören, was er sagt ... / Petrus merkt, daß irgend etwas nicht stimmt / Er weiß plötzlich, was es ist: Hananias sagt nicht die Wahrheit; er lügt, er heuchelt / Petrus fragt nach, gibt die Möglichkeit, ehrlich zu sein ... / Der Teufel macht Hananias blind und taub für die Wahrheit; mit Geld und Besitz „erkauft" er sich sein Leben.

   Etwas Schreckliches geschieht: Hananias stürzt zu Boden, er stirbt – ganz plötzlich / Nicht weil Petrus es so wollte, nein, Gott hat das Urteil gesprochen / Alle sind erschrocken und entsetzt / Wegen der großen Hitze in Palästina muß die Beerdigung noch am selben Tag erfolgen.

   Als Saphira kommt, liegt das Geld noch da, wo Hananias es als „Opfer" hingelegt hatte / Sie hat keine Ahnung von dem, was geschehen ist / Petrus fragt: „Saphira, war das alles ...?" und zeigt auf das Geld / Auch Saphira lügt, heuchelt vor Menschen und vor Gott – und erlebt das gleiche Gericht Gottes wie ihr Mann.

3. Erschrecken packt alle, die es miterlebten oder davon hören (V. 11)

   Warum wohl? / Jetzt weiß es jeder: Man kann Gott nichts vormachen, vor ihm kann man nichts verstecken.

Wir lernen den Merkvers

Auch wenn jemand Christ geworden ist und zu Jesus gehört, gibt der Teufel den Kampf nicht auf. Er setzt alles daran, diese Menschen wieder zurückzuerobern. Habt ihr schon einmal den Satz gehört: „Laß dich nur nicht einwickeln"? Hat er etwas mit unserer Geschichte zu tun? Wodurch haben sich Hananias und Saphira „einwickeln" lassen? Wie ist das bei uns?

Auch unser Spruch ist eine „verwickelte Sache" – aber wir schaffen es bestimmt, ihn zu entziffern!

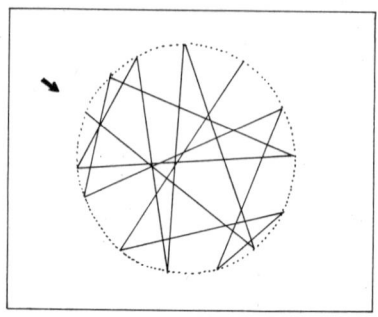 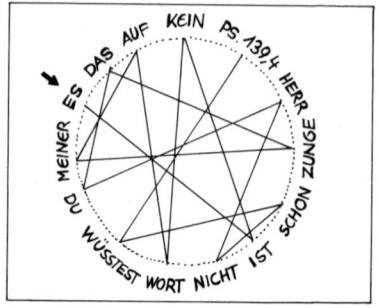

Vertiefung

Die Skizze unbedingt *vor* der Kinderstunde in die Memo-Rolle einzeichnen – oder auf Extrablatt vorbereitet mitbringen.

Eigene Gedanken zur Lektion

8 Menschen können viel – Gott kann alles

Text

Apg. 5,17-42

Lernvers

Man muß Gott mehr gehorchen als den Menschen. Apg. 5,29

Hinweise zum Text

Vers 17: Der Hohepriester war der Vorsitzende des Hohen Rates, der obersten jüdischen Religions- und Verwaltungsbehörde. Dieser bestand aus 70 Mitgliedern, von denen sich viele zu den Sadduzäern zählten. Die Sadduzäer glauben nicht, daß es eine Auferstehung der Toten gibt. Darum fühlen sie sich von der Botschaft, die die Jünger verkündigen, immer wieder herausgefordert.

Vers 18: Nun gehen sie aufs Ganze: Nicht nur zwei – alle „Apostel", also die Leiter der Gemeinde, werden gefangengenommen und hinter Schloß und Riegel gebracht.

Vers 19-21a: Menschen können viel, Gott kann alles! Befreiung ohne jede Gewaltanwendung. Neue Dienstanweisung, der die Apostel unverzüglich nachkommen.

Vers 21b-25: Der Hohe Rat, der seine Mitglieder zur Sondersitzung zusammenruft, bekommt gleich zwei Schreckensmeldungen: Die Apostel sind auf unerklärliche Weise aus dem Gefängnis entkommen.
Sie sind im Tempel und lehren das Volk ...
Das war den Aposteln ausdrücklich verboten worden (Kap. 4,17), aber man muß Gott mehr gehorchen als den Menschen. Das wissen die Apostel, und danach handeln sie.

Vers 26: Weiche Knie und Angst bei den Soldaten und ihrem Hauptmann, aber der Befehl des Hohen Rates wird sorgfältig ausgeführt.

Vers 28-32: Ein Verhör, das den Aposteln nicht Angst, sondern Mut macht: Es wird ihnen „nachgesagt", daß ganz Jerusalem von der neuen Lehre spricht! Und die Apostel werden auch in Zukunft nicht schweigen.

(Petrus bezeugt nun schon zum wiederholten Mal vor dem Hohen Rat die Botschaft von Jesus als dem Gekreuzigten und Auferstandenen. Lukas schreibt sie immer wieder neu für seinen Freund Theophilus auf. Wir sollten uns darum auch nicht scheuen, die gleiche Botschaft immer wieder neu unseren kleinen Hörern zu sagen.)

Vers 33: „Es ging ihnen durchs Herz." Andere Übersetzungen sagen: „Die Worte versetzten die Männer in maßlose Wut" („Hoffnung für alle"); „Sie wurden zornig" („Gute Nachricht").

Vers 36-37: Die Verse kann man in der Erzählung übergehen, obwohl das, was hier geschildert wird, auch in der außerbiblischen Überlieferung berichtet wird.

Vers 40-42: Die Apostel werden geschlagen, und doch sind sie fröhlich. Um Jesu willen Strafen, Schmerzen und Verachtung zu erleiden, betrachten sie als Vorrecht.

Gliederung und Erzählhilfen

1. Jerusalemer Nachrichten am Montag (V. 18-21a)
„Alle Apostel gefangengenommen und eingesperrt ..."
Jerusalemer Nachrichten am Dienstag:
„Apostel kommen überraschend frei / Hoher Rat lehnt jede Stellungnahme ab."
Jerusalemer Nachrichten: Sondermeldung!
„Ganz Jerusalem steht Kopf: Die 12 Apostel, die, wie berichtet, gefangengenommen und eingekerkert wurden, entkamen in der Nacht auf unerklärliche Weise. Am Morgen predigten sie ungehindert im Tempel. Hat der Hohe Rat seine Meinung geändert?"

2. Was war geschehen? (V. 21b-32)
Neid der führenden Männer in Jerusalem – darum müssen die Apostel hinter Gitter / Durch einen Engel befreit Gott die Männer aus dem Gefängnis / Gott gebietet: „Sagt allen Menschen, wer Jesus ist" – die Jünger gehorchen und predigen im Tempel / Zur gleichen Zeit tagt das Hohe Gericht – und erfährt, daß die Zellen der Männer leer sind / Eilmeldung aus dem Tempel: Die Männer wagen es schon wieder, öffentlich zu predigen / Die Jünger müssen vor dem Hohen Gericht erscheinen: „Ihr habt unser Verbot übertreten! Was denkt ihr euch eigentlich?" / Die Apostel: „Wir werden nicht schweigen, denn wir gehorchen Gott mehr als euch!"

3. Das Urteil (V. 33–42)

Ein weiser Rat des Gamaliel / Noch einmal eine Verwarnung, noch einmal ein Verbot / Noch einmal Schläge mit der Peitsche und trotzdem mutige, fröhliche Männer, die Gott mehr gehorchen als den Menschen.

Wir lernen den Merkvers

Die Buchstaben B, F, I, P und V kommen in unserem Spruch nicht vor, L nur einmal. Wir verstecken unseren Spruch darum zwischen diesen Buchstaben; etwa so:

Aufgabe: Je ein Kind bekommt die Aufgabe, einen der genannten Buchstaben zu entdecken und wegzuwischen.

Gemeinsam lernen wir dann den Spruch.

Vertiefung

Auf die Memo-Rolle malen wir ein großes Gitter, dahinter fröhliche Gesichter.

Eigene Gedanken zur Lektion

9 Helfer für die Apostel

Text

Apg. 6,1-7

Lernvers

Werdet nicht müde, Gutes zu tun. 2. Thess. 3,13

Hinweise zum Text

Vers 1:

In der ersten christlichen Gemeinde in Jerusalem waren zwar alle jüdischer Abstammung, also Juden, aber sie waren in unterschiedlichen Ländern zu Hause (vgl. Kap. 2,5ff.).
Diese Juden sprachen die Sprache ihres Heimatlandes. Aramäisch, die Sprache, die in Palästina gesprochen wurde, konnten viele nicht verstehen und noch weniger selbst sprechen. So kam es zu Schwierigkeiten; nicht zuletzt aber auch dadurch, daß die Gemeinde inzwischen mehrere tausend Mitglieder hatte.

Vers 2-3:

Mitarbeiter werden also gebraucht – und sie werden gefunden.
Was wird von ihnen erwartet? Ein guter Ruf. Ein Leben unter Gottes Führung, also Erfüllt-Sein mit Gottes Geist.
Es fällt auf, daß nicht zuerst nach Begabungen wie Redegewandtheit oder Organisationstalent gefragt wird. Gott sucht nicht nur hochbegabte und fähige Leute, aber jeden, den er in seine Arbeit ruft, befähigt er, die Arbeit in seiner Kraft zu tun. Die Männer, die ausgesucht und eingesegnet werden, haben alle griechische Namen; sie kommen also alle aus Ländern außerhalb Israels.

Vers 6:

Es ist eine bedeutsame Stunde, wenn ein Mensch erlebt, daß ein anderer für ihn betet und ihm dabei segnend die Hände auf den Kopf legt! Mose tat es bei seinem Nachfolger Josua (4. Mose 27,18f.), Jesus legte schon Kindern segnend die Hände auf (Mark. 10,16).

Vers 7:   Die Gemeinde wächst. Vielleicht waren unter den Priestern
             sogar Mitglieder des Hohen Rates.

Gliederung und Erzählhilfen

1. Die Christengemeinde wächst unaufhaltsam (V. 1)
   Wieviel Kinder seid ihr in der Klasse? / Wieviel Einwohner hat euer
   Dorf, eure Stadt? / Wieviele tausend Menschen nun schon zur Christengemeinde in Jerusalem gehörten, wissen wir nicht genau, aber selbst
   der größte Saal war inzwischen zu klein geworden / Da gab es auch
   manche Schwierigkeiten. Vieles mußte organisiert werden, und nicht
   alle sprachen die gleiche Sprache / Manche fühlten sich benachteiligt,
   und sie beklagten sich darum bei den Aposteln.

2. Ein Plan wird ausgearbeitet (V. 2-4)
   Wir brauchen Helfer, wir Apostel können uns nicht um alles kümmern / Wir brauchen zuverlässige Männer, die wirklich tun wollen,
   was Gott ihnen durch seinen Geist sagt / Wir Apostel wollen in erster
   Linie Gottes Wort weitersagen und Beten.

3. Der Plan wird angenommen (V. 5-6)
   Mitarbeiter werden gesucht / Die Apostel sind einverstanden, sie beten
   für die neuen Helfer und segnen sie.

Wir lernen den Merkvers

Zum Tagesvers heute ein Fingerspiel:
Die beiden kleinen Finger und die Ringfinger haken wir ineinander. An
den „freien" Fingern zählen wir den Spruch ab. Wir beginnen dabei am lin-
ken Daumen.

Dieses Aneinander-fest-
Machen kann den Gedan-
ken unterstreichen, daß
die ersten Christen einmü-
tig zusammen für Jesus
arbeiteten, ganz gleich,
aus welchen Ländern sie
auch kamen.

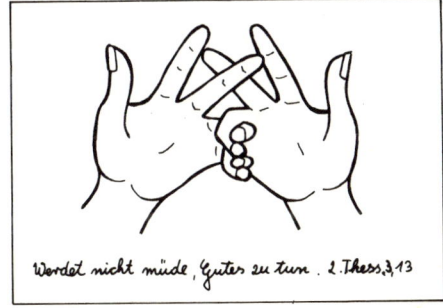

Werdet nicht müde, Gutes zu tun. 2.Thess.3,13

Vertiefung

Das Bild mit den beiden Händen für die Memo-Rolle aufzeichnen.

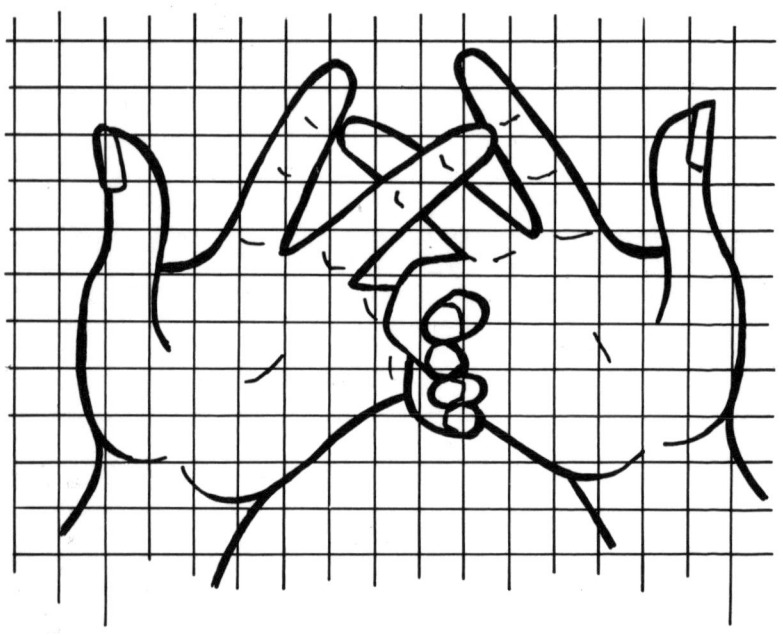

Eigene Gedanken zur Lektion

10 Treu bis zum Tod

Text

Apg. 6,8-7,60: Stephanus

Lernvers

Wenn du mir treu bleibst, treu bis zum Tod, werde ich dir den Preis des Siegers geben: Das ewige Leben. Offb. 3,10

Hinweise zum Text

Vers 8-10: Stephanus, einer der sieben neuen Mitarbeiter, diskutiert mit denen, die dem Evangelium widersprechen.
Und Stephanus darf dabei erfahren, was Jesus in Matth. 10,19 zugesagt hat: Gott gibt ihm zur rechten Zeit das rechte Wort. Seine Gegner müssen sich geschlagen geben.

Vers 11: Zu verlieren, und sei es nur in einem Wortgefecht, ist nicht schön. Nun greifen die Gesprächsgegner des Stephanus zu gemeinen Mitteln: Sie hetzen Leute gegen ihn auf und geben ihnen Geld, damit sie vor Gericht falsche Aussagen machen. So steht nun Stephanus im Gerichtssaal vor dem Hohen Rat (vgl. auch Lektionen 5 und 8).

Vers 15: Besonders beeindruckend bei Stephanus ist nicht nur sein leuchtendes Gesicht, sondern auch, wie genau er seine Bibel kennt, das AT.

Kap. 7,51-53: In seiner langen Rede macht Stephanus deutlich: Ihr Männer, es gilt euch, was ihr mir vorwerft, denn ihr widersetzt euch seit jeher Gottes Wort.

Vers 54: In anderer Übersetzung: „Die Zuhörer gerieten in maßlose Wut ..." („Hoffnung für alle"); „Sie wurden wütend und knirschten mit den Zähnen gegen ihn" (Bruns).

Vers 56-57: Mit der Aussage „Ich sehe den Himmel offen und des Menschen Sohn zur Rechten Gottes stehen ..." begeht Stephanus nach Meinung des Hohen Rates Gotteslästerung, denn er stellt Jesus auf eine Stufe mit Gott. Damit hat er sich nach ihrem Gesetz der Todesstrafe schuldig gemacht.

Solche Worte „gehören sich nicht", wenn so etwas „Lästerliches" gesagt wird, muß sich ein frommer Jude die Ohren zuhalten.

Noch bis zum letzten Augenblick betet Stephanus – er betet für seine Peiniger, so wie es Jesus am Kreuz getan hat.

Gliederung und Erzählhilfen

1. Anklagen, die nicht stimmen (Kap. 6,11-14)
   Er (Stephanus) hat Gott und Mose beleidigt! / Er lästert gegen den Tempel und beschimpft damit Gottes Haus! / Er verlästert sogar Gottes heiliges Gesetz; er verdreht es und sagt die Unwahrheit!

2. Ganz verschiedene Gesichtsausdrücke im Gerichtssaal (Kap. 6,15-7,1)
   Stephanus strahlt, sein Gesicht leuchtet / Die Richter sind nervös, gespannt / Die Ankläger sind grob. Man hat ihnen eine Menge Geld versprochen, wenn sie Stephanus „fertigmachen". Das Geld macht sie brutal und zu jeder Lüge bereit.

3. Einer, der seine Bibel kennt (Kap. 7,2-53)
   Wenn unsere Kinder die Geschichten des Alten Testaments schon kennen, schreiben wir nur nacheinander Namen oder Begriffe an die Tafel, von denen Stephanus im Gerichtssaal erzählt – und lassen die Kinder berichten, was sie davon wissen:

   Abraham (2f.) – Joseph (9f.) – Mose (20f.) – Brennender Dornbusch – Weg durch die Wüste:
   Die falsche Anklage: Stephanus lästert gegen das heilige Gesetz Gottes.
   Stephanus stellt klar: Ihr seid es, die die Wahrheit umdrehen und Lügen daraus machen, und ihr macht es denen nach, die damals lebten und sich gegen Mose und das Gesetz Gottes auflehnten.

   David (46f.) – Salomo – Der erste Tempel in Jerusalem:
   Die falsche Anklage: Stephanus lästert gegen den Tempel und beschimpft damit Gottes Haus.
   Stephanus stellt klar: Gott wohnt da, wo man auf ihn hört, wo man ihm gehorsam ist. Wer Gottes Wort hat und kennt, aber sich nicht danach richtet, der ist es, der Gott lästert.

4. Einer, der Jesus treu bleibt – bis in den Tod (Kap. 7,54-60)
   Was sieht und hört man im Gerichtssaal? / Aufruhr, Schreie, wutverzerrte Gesichter / Vom Geld besessene Männer fallen über einen einzelnen her, der sich nicht einmal zur Wehr setzt.

Was sieht und hört Stephanus? / Er sieht Jesus – auf dem Ehrenplatz an Gottes Seite / Das kann er nicht für sich behalten!

Was geschieht vor den Toren der Stadt? / Ein Mann, der niederkniet und betet, wird von anderen Männern zu Tode gesteinigt.

Stephanus stirbt, aber er bleibt Jesus treu. Seine letzten Worte erinnern uns an die Worte, die Jesus am Kreuz betete. „Herr Jesus, nimm meinen Geist zu dir!" Und: „Herr, vergib ihnen diese Schuld."

Wir lernen den Merkvers

Wir bereiten die Spruchteile für die Tafel so vor, daß sie zusammengesetzt eine Krone ergeben:

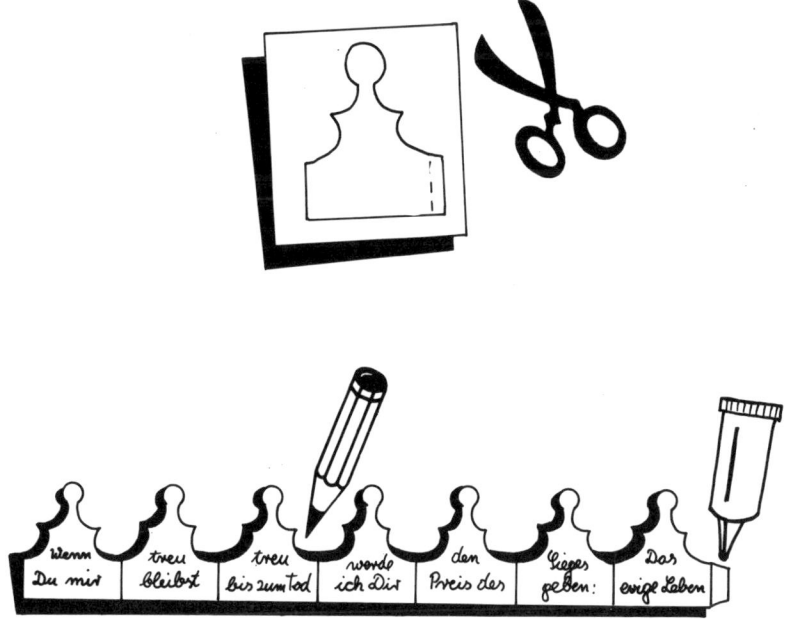

Jedes Kind, das den Spruch aufsagen kann, darf die Krone so lange tragen, bis ein anderes Kind es ebenfalls kann.

Zum Schluß kleben wir die Krone flachgedrückt auf die Memo-Rolle. Die Kinder „diktieren" den Spruch, der vollständig lesbar darunterge-schrieben wird.

Vertiefung

Für die Memo-Rolle basteln wir heute eine Krone.

Wenn du mir treu bleibst, treu bis zum Tod, werde ich dir den Preis des Siegers geben: Das ewige Leben!   Off. 3, 10

Eigene Gedanken zur Lektion

11 Die Gute Nachricht gilt allen

Text

Apg. 8,1-25: Philippus geht nach Samarien

Lernvers

Ihr werdet meine Zeugen sein in Jerusalem und Judäa, und in Samarien ...
Apg. 1,8
(Den Rest des Spruches lernen wir bei Lektion 20)

Hinweise zum Text

Vers 5:	Philippus ist einer der sieben Helfer der Apostel (Kap. 6,5). Wie alle anderen ist auch er mutig und unerschrocken in der Arbeit für Jesus. Er ist der erste, der in das benachbarte Samarien geht, um den Samaritern die Gute Nachricht von Jesus zu bringen.
	Von den strenggläubigen Juden wurden die Samariter gemieden und verachtet. Sie hatten sich in alttestamentlicher Zeit mit anderen Völkern vermischt und wurden darum von den Juden nicht mehr als Israeliten anerkannt. Philippus macht es so wie Jesus: Er geht an ihnen nicht vorbei.
Vers 8:	Wo Gott die Herzen der Menschen überführen und gewinnen kann, kehrt große Freude ein.
	Der Teufel weiß, daß er besiegt ist – aber er gibt nicht auf.
Vers 9-19:	Simon, der Zauberer, hielt sich bisher für einen besonders Bevollmächtigten der Gottheit, doch in Wirklichkeit arbeitet er für den Teufel. Simon geht es um Gewinn, er sucht Ansehen, er sucht Macht, und um dieses Ziel zu erreichen, ist ihm jedes Mittel recht.
	Auch dieser Zauberer wendet sich jetzt Jesus zu, doch er wendet sich nicht ab von seinem alten Tun. Er versucht, beides miteinander in Einklang zu bringen.
Vers 20-23:	Petrus durchschaut Simon; Gottes Geist befähigt ihn dazu. Simon bekommt harte Worte zu hören – und er fürchtet sich auch vor den Strafen, die Petrus ihm im Auftrag Gottes an-

droht. Doch tiefer geht die Erkenntnis seines falschen Tuns bei ihm nicht. Auch hier spielt wieder die Sucht nach Geld und Ansehen eine verhängnisvolle Rolle (vgl. Lektion 7).

Vers 25: In Samarien sind viele Menschen zum Glauben an Jesus gekommen, und die bis dahin so verachteten Samariter werden von Gott mit dem Heiligen Geist beschenkt – genauso wie die Jünger in Jerusalem und Judäa.

Gliederung und Erzählhilfen

1. Philippus, ein Freund von Stephanus (vgl. die Lektionen 9 und 10), muß aus Jerusalem fliehen (Kap. 8,1-5)
   Das Reden von Jesus hat seinem Freund Stephanus das Leben gekostet. Was hat Philippus daraus gelernt? / „Von Jesus zu erzählen ist wichtiger, als ein langes Leben zu genießen" / Er denkt nicht nur so, er tut es auch.

2. Philippus erzählt von Jesus, die Menschen in Samaria werden froh (V. 5-8)

3. Simon, der Zauberer (V. 9-11)
   Er kann wirklich zaubern und ist kein Trickkünstler / Er behauptet, etwas Besonderes zu sein / Er beeindruckt und beeinflußt die Menschen / Simon will bei Philippus „lernen" (V. 12-13.18-19) / Er ist beeindruckt von dem, was geschieht / Er stellt sich scheinbar auf Gottes Seite / Er meint, für Geld Gottes Geist kaufen zu können.

4. Besuch in Samarien (V. 14-18)
   Wer von seinem falschen Weg umkehrt und Gott gehorchen will, dem schenkt Gott seinen guten Heiligen Geist – in Samarien genauso wie in Jerusalem und überall / Durch den Heiligen Geist schenkt Gott uns die Gewißheit, daß unsere Sünden vergeben sind / Durch den Heiligen Geist kommen Hoffnung und Mut in unser Herz / Der Heilige Geist hilft uns, alle Menschen zu lieben / Der Heilige Geist macht uns deutlich, was böse ist, und hilft uns, das Gute zu wollen und zu tun / Wenn bedrückte Menschen auf einmal vor Freude am liebsten springen würden ... Wenn da, wo man keine Hoffnung mehr hatte, mit einem Mal alles anders ist und ängstliche Menschen mutig werden ... Wenn man nicht mehr gleichgültig aneinander vorbeigeht, sondern sich anschaut, miteinander redet und sich freut ..., dann merken das die Menschen. Auch Simon, der Zauberer, merkt es.

5. Kann man für Geld alles haben? (V. 20-34)
   (Zusammentragen: Was kann man kaufen? Was kann man nicht kaufen?) / Simon will sich den Heiligen Geist kaufen, damit er damit angeben kann / Petrus muß ihn scharf zurechtweisen / Obwohl er so oft schon bei Philippus zugehört hat, ist in Simons Herzen und Leben noch alles dunkel und kalt. Er ist mit einem Haus zu vergleichen, das zwar im Sonnenschein steht, in dessen Zimmer aber trotzdem alles finster und kalt geblieben ist / Was müßte man tun, damit das Licht, der Sonnenschein in die Zimmer und in das Haus fällt? Fensterläden aufmachen – Rollos hoch!

6. Wer immer nur zuhört, wenn von Jesus gesprochen wird, der macht es wie Simon – und wird dabei nie richtig frei / Wer Jesus aber sagt: Herr Jesus, ich will zu dir gehören, komm in mein Leben hinein, räume alles Böse hinaus, damit es auch bei mir hell werden kann, der erlebt, daß Jesus hält, was er versprochen hat / Er kommt in unser Herz und Leben. Er macht uns froh, er gibt uns Kraft, wenn's manchmal schwer wird, sich zu ihm zu bekennen.

Wir lernen den Merkvers

Für den Tagesvers bereiten wir einen Kreis und 4 übereinander passende Ringe vor (auch für Lektion 20):

Vertiefung

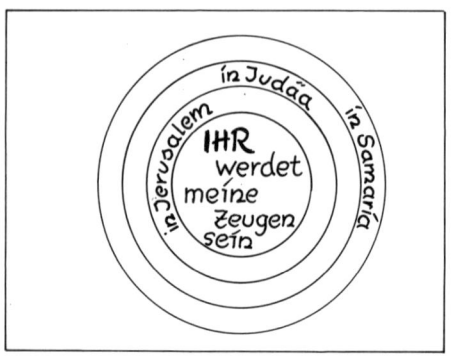

Die Grafik dient auch als Erinnerungsstütze und kommt an die Memo-Rolle.

Eigene Gedanken zur Lektion

12 Mit Gott in einem fremden Wagen

Text

Apg. 8,26-40: Der Kämmerer aus Äthiopien

Lernvers

Er zog seine Straße fröhlich weiter. Apg. 8,39

Hinweise zum Text

Vers 26: Philippus, ein Mann, der mutig denkt und mutig handelt, bekommt einen Auftrag von Gott, über den er vielleicht zunächst den Kopf geschüttelt hat. Was Gott von ihm will, erscheint nämlich absolut unsinnig: Gehe in eine öde und verlassene Gegend. Philippus macht sich dennoch auf den Weg.

Vers 27: Heute würden wir einen so hochgestellten Mann Schatzmeister oder Finanzminister nennen. Kandake ist der Titel der Königinmutter, die das Land für ihren Sohn regiert.

Der Mann aus Äthiopien ist ein Heide, ein Eunuch, der keine Möglichkeit hat, in die Gemeinschaft des Gottesvolkes aufgenommen zu werden (5. Mose 23,2). Trotzdem verehrt er offensichtlich den Gott der Juden. Er unternimmt eine Wallfahrt nach Jerusalem, die gewiß viele Strapazen mit sich brachte – trotz seines relativ bequemen königlichen Wagens.

In Jerusalem angekommen, kann er zwar nicht am eigentlichen Gottesdienst teilnehmen. Er kann aber Lesen und Schreiben, und so kauft er sich eine teure Schriftrolle, die den Text des Jesajabuches enthält. Das ist nun seine Lektüre auf dem Weg zurück nach Hause.

Vers 28-35: Zu jener Zeit wurde immer laut gelesen, und so weiß Philippus sofort, welches Buch der vornehme Mann liest, und er beginnt ein Gespräch darüber. Der Einladung in den königlichen Wagen folgt eine „Bibelstunde", gehalten für einen einzigen Hörer, mitten in der Wüste auf einer einsamen Straße.

Vers 36-39:   Erstaunlich schnell begreift der Ausländer alles, was ihm
Philippus von Jesus, dem Lamm Gottes, erzählt. Und Philippus erlebt, daß Jesus wirklich keine Unterschiede zwischen Menschen und Rassen macht. Der schwarze Afrikaner glaubt und wünscht nun nichts sehnlicher, als seinen
Entschluß durch die Taufe festzumachen.
Mit Jesus kann er den weiten Weg in seine Heimat fröhlich
und hoffnungsvoll weitergehen.

Gliederung und Erzählhilfen

Wie wäre es, wenn wir diese bekannte und in der Arbeit unter Kindern
recht beliebte Geschichte einmal vom Schluß her erzählten?

Vorschlag:
1. Wieder zu Hause!
   Das Tor des Palastes der Königin von Äthiopien wird geöffnet, um das
   Gespann des Finanzministers einzulassen ... Diener stehen bereit, um
   dem Minister beim Aussteigen behilflich zu sein ... Wie immer fliegen
   freundliche Worte hin und her ... Schön, sich nach langer Zeit wieder-
   zusehen! ... Zwei Dinge fallen auf. Der Minister hat gute Laune, trotz
   der anstrengenden Reise, und: Die Rolle unter dem Arm läßt er sich
   nicht von den bereitstehenden Dienern abnehmen – er trägt sie höchst-
   persönlich in seine Kanzlei ...
   Hinter seinem Rücken wird getuschelt: Von Finanzen versteht der Herr
   ja eine Menge ... hat er u. U. eine ganz besonders wertvolle Sache ent-
   deckt ...?

2. Nach Dienstschluß: Freunde unter sich
   Viele Fragen: Wie war die Fahrt? Sind deine Wünsche in Erfüllung gegangen? ... Bist du auf der Suche nach einem wahren Gott weiterge-
   kommen? Hast du neue Freunde kennengelernt? Der Minister erzählt:
   Die Reise war erträglich bis angenehm, ich wurde von Begleitern ja be-
   stens versorgt ... Zwischenfälle auf der Reise gab es keine, und das, was
   auf der Rückfahrt geschah – ach, laßt mich lieber alles der Reihe nach
   berichten ...
   In Jerusalem angekommen, war es nicht schwer, das Gotteshaus, den
   Tempel, wie es genannt wird, zu finden ... Ein toller Bau ... Fasziniert
   mich ... Und Menschen – überall Menschen ... Im Tempel gibt es sogar
   eine eigene Wache – überall das Auge des Gesetzes – Vorschriften – Ver-
   ordnungen – Ein Treiben war das! ... Einen Gottesdienst wollte ich mit-
   erleben – doch unmöglich. Ein Ausländer war ich, dazu einer vom
   fremden Königshof. Für mich waren so gut wie alle Türen zu ... Oft

habe ich auch so was wie Verachtung gespürt; mit Leuten wie mir redete man nicht einmal ... Meine Wünsche und Hoffnungen waren so gut wie zerstört, die Rückreise geplant. Was sollte ich noch? ...

Eine sehr hohe Summe Geld ließ ich dann allerdings doch noch in Jerusalem: Ich kaufte mir diese Rolle ... Neugierde? Reiselektüre? Ein Beweis dafür, daß ich als Schwarzer lesen konnte, sogar die Sprache der Juden? ...

Die Rückreise begann schweigsam, enttäuscht, traurig ... Nach einer Weile griff ich nach meiner Rolle, um ein wenig zu lesen ...

Ganz schön anspruchsvoll, sage ich euch! ... Es war ein einsamer, heißer und staubiger Weg, den wir fuhren. Ein Weg, der wirklich nicht zu den beliebten Reisewegen gehört ... Mit einem Mal hörte ich Schritte neben dem Wagen, lauschte, las dann aber wieder weiter. Dann sprach mich ein Fremder an: „Verstehst du eigentlich, was du da liest?" Ich war mehr als überrascht. War das eine Herausforderung – oder ein übler Trick – oder war es vielleicht ganz aufrichtig und ehrlich gemeint?
(Hier die Verse 31ff. in ähnlicher Form anschließen.)

3. Fröhlich unterwegs!

Ja, und was ich in Jerusalem vergeblich gesucht hatte, das fand ich mitten in einer wüsten, öden Gegend: Einen lebendigen Gott, der keinen übersieht. Einen Gott, der einen Plan hat für die ganze Welt. Einen Gott, der als Vater im Himmel einen Plan hat für jeden Menschen, für jeden, auch für mich als den schwarzen Afrikaner.

So bin ich nicht nur froh nach Hause zurückgekommen, ich gehe auch froh in jeden neuen Tag!

Wir lernen den Merkvers

Wir malen eine Straße und schreiben den Spruch hinein. Noch origineller wird es, wenn wir die Worte des Spruches auf „Schuhsohlen" schreiben.

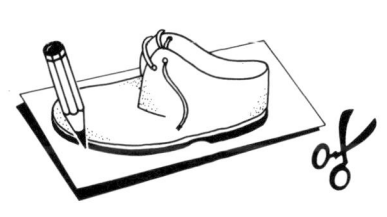
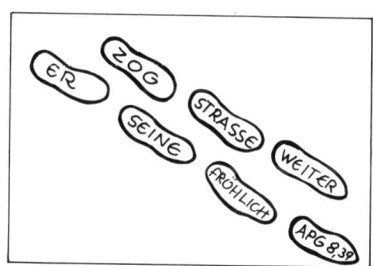

Vertiefung

Für die Memo-Rolle verwenden wir den gleichen Bildspruch.

Eigene Gedanken zur Lektion

13 Der Mann aus Tarsus – gegen Jesus unterwegs

Text

Apg. 9,1-9 (22,3-11; 7,57; 22,20; Gal. 1,11-24)

Lernvers

Saul, Saul, warum verfolgst du mich? Apg. 9,4

Hinweise zum Text

Vers 1:   Der Entschluß, Christen aufzuspüren und zu verfolgen, geht offensichtlich von Saulus (sein römischer Name ist Paulus) selbst aus. In seinem fanatischen Haß („er schnaubte mit Drohen und Morden") wird er zu seinem eigenen Arbeitgeber.

Vers 2:   Nur zu gern unterstützen der Hohepriester und seine Leute diesen eifrigen Mann mit den nötigen „Vollmachten".
Bei der Verfolgung kennt der blindwütende Saulus keinen Unterschied. Ob Mann oder Frau, jung oder alt: Die Christen müssen ausgerottet werden.

Vers 3:   In allen neutestamentlichen Berichten über die Bekehrung des Saulus wird ausgesagt, daß ihn plötzlich ein Licht vom Himmel umstrahlte und er eine Stimme hörte. Paulus hat es mit Jesus, dem Auferstandenen, zu tun (vgl. 1. Kor. 9,1).
Jesus macht Saulus bewußt, was er tut. Er gibt ihm Anweisung – für den nächsten Schritt.
Unterschiedlich wird in den Berichten geschildert, was seine Begleiter erleben und mitbekommen. (Vorschlag: Wir erzählen die Begebenheit so, wie sie in unserem Text bezeugt wird.)

Vers 8-9:   Daß seine Blindheit nur einige Tage dauern wird, weiß Saulus nicht. Es müssen lange, dunkle Tage und Nächte gewesen sein! So tief geht die Erschütterung des Saulus, daß er in dieser Zeit nichts ißt und nichts trinkt.

Gliederung und Erzählhilfen

Als Einstieg zeichnen vier Kinder folgende Gegenstände an die Tafel oder auf bereitliegende Blätter:
1. einen Brief
2. eine hellstrahlende Lampe
3. einen Lautsprecher
4. eine Blindenbinde
Gemeinsam erraten wir, was dargestellt wurde, und schreiben die entsprechenden Begriffe zu den Bildern.

Zu 1.

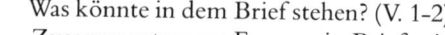

Was könnte in dem Brief stehen? (V. 1–2)

Zusammentragen: Es war ein Brief mit einer ganz schlimmen Nachricht – etwa so:

„Ihr gottesgläubigen Juden in Damaskus! Wir schicken Saulus zu euch. Helft ihm, wo ihr nur könnt, die Leute, die an die neue Lehre glauben, zu finden. Sie sind gefährlich und müssen ins Gefängnis."

Könnt ihr euch vorstellen, wie ein Mann aussieht, der mit einem solchen Brief und bösen Gedanken im Herzen unterwegs ist?

(Beschreiben lassen.)

Saulus war nicht alleine unterwegs. Einige Männer, die genauso dachten wie er, waren mit unterwegs. Der Weg von Jerusalem nach Damaskus war weit: 250 km etwa! Fast hatten sie es geschafft!

Von was haben die Männer unterwegs wohl gesprochen?

(Von den verhaßten Christen, die bestraft werden müssen, und wie man sie wohl dingfest machen kann.)

Zu 2.

Mitten am hellichten Tag ein noch helleres Licht am Himmel! (V. 3–4)

Das hält doch keiner aus ... Augen zumachen hilft nichts ... Da wird man ja schwindlig ... Schnell das Gesicht in den Händen vergraben!

Man kann die Geschichte auch erzählen und von den Kindern ohne Worte spielen lassen.

Zu 3.

Eine Stimme, lauter und deutlicher als aus jedem Lautsprecher (V. 4–5)

Nun müssen nicht nur die Augen Ungewohntes ertragen – auch die Ohren dröhnen.

Wer spricht da mit mir?

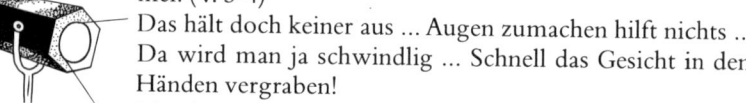

Die Augen sehen ein Licht – die Ohren hören eine Stimme –

und der Verstand und das Herz begreifen mit großem Erschrecken: Es ist Jesus!

Ich meinte, er sei tot – aber er lebt!

Ich meinte, er habe Gott gelästert, wenn er vom Vater im Himmel sprach – nun spricht er vom Himmel mit mir.

Saulus ist zu Boden gestürzt – was soll jetzt geschehen?

Zu 4.

Steh auf – und geh! (V. 6-9)

Großes Erschrecken bei allen Begleitern; sie stehen wie erstarrt da.

Saulus steht auf, wischt sich über das Gesicht – über die Augen – immer wieder ... aber es bleibt dunkel um ihn. Er ist blind geworden.

Der mächtige, selbstbewußte Saulus, dem Wut und Haß im Gesicht geschrieben standen, steht hilfesuchend bei seinen Begleitern.

Schritt für Schritt muß er sich führen lassen. Keinen Gedanken verschwendet er noch an seinen „wichtigen" Brief, der ihm die „Vollmacht" gibt, Christen zu verfolgen.

In einem Haus in der „Geraden Straße" von Damaskus findet er Aufnahme. Er zieht sich zurück. Essen und Trinken läßt er stehen. Er betet und er denkt nach.

„In der Stadt wird man dir sagen, was du tun sollst." Das waren die letzten Worte, die Jesus Christus vom Himmel her zu ihm gesagt hatte. Wie wird das alles weitergehen?

Wir lernen den Merkvers

Wir schreiben den Spruch an die Tafel und ergänzen die Erzählung mit folgenden Fragen:

Wen verfolgte Paulus?

(Er meinte, die „Anhänger der neuen Lehre", aber Jesus sagt ihm: Du verfolgst mich.)

Wie heißt der Mann, von dem ich euch heute erzählte?

(Saulus – Jesus spricht ihn mit Saul an. Saul ist möglicherweise die Kurzform von Saulus. Saulus hat aber noch einen „amtlichen" römischen Namen: Paulus. Er gebraucht ihn, als er als Missionar in fremde Länder zieht.)

Vertiefung

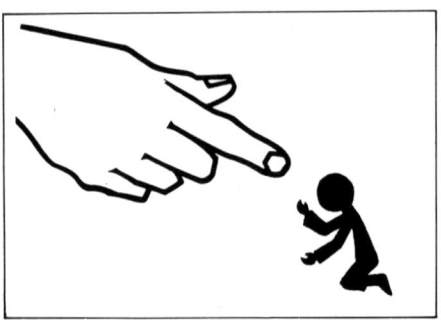

Eigene Gedanken zur Lektion

14 Hananias aus Damaskus

Text

Apg. 9,10-19a (22,12-16)

Lernvers

Ja, Herr, hier bin ich! Apg. 9,10

Hinweise zum Text

Vers 10: Damaskus, eine uralte Stadt ca. 250 km nordöstlich von Jerusalem. Christen waren dorthin geflohen, als nach dem Tod des Stephanus eine Christenverfolgung in Jerusalem ausbrach.

Vers 13: Hananias weiß um diese Verfolgung, er weiß auch, wer Saulus von Tarsus ist, und er fürchtet sich vor ihm.
Von Hananias lernen wir, daß wir offen und ehrlich mit Gott über alles reden dürfen, auch über unsere Bedenken, unsere Fragen, unsere Zweifel.

Vers 15-16: Doch Hananias läßt sich von Gott ermutigen; er läßt sich gebrauchen und senden.
Gottes Dienstanweisungen sind genau (V. 11-12.15-16).

Vers 17: Jesus ist der auferstandene Herr – er ist es auch, der durch seinen Heiligen Geist Hananias fähig macht, Saulus ohne Voreingenommenheit mit „lieber Bruder Saul" anzusprechen.
(Wir müssen den Kindern deutlich sagen, daß dieser Hananias ein anderer ist als der in Kap. 5,1f.)

Gliederung und Erzählhilfen

Manchmal muß man etwas tun, vor dem man Angst hat. Beispiele.
In der Geschichte heute hat ein erwachsener Mann Angst vor dem, was er tun soll. Was könnte das sein?
Die Dinge, die den Kindern einfallen, erinnern vielleicht eher an bestimmte Fernsehprogramme. Wir knüpfen dann an die vorige Lektion an:
Ihr erinnert euch bestimmt noch: Saulus, der mächtige Saulus, wollte in

Damaskus die Christen verfolgen und bestrafen. Was passierte dann? Das letzte, was Jesus an diesem Tag zu ihm sagte, war: „In der Stadt wird man dir sagen, was du tun sollst."

1. Damaskus, eine Großstadt der damaligen Zeit (V. 10-11)
   Hier wohnt ein Mann in der „Geraden Straße", der Judas heißt / Bei ihm wohnt Saulus, seit 3 Tagen schon. Er ist erblindet / Hier in Damaskus leben und wohnen Menschen, die von Jesus wissen, ihn kennen und von ihm weitersagen / Einer von ihnen heißt Hananias – das weiß sogar Saulus schon (siehe V. 12).
2. Hananias bekommt einen besonderen Auftrag (V. 11-14)
   Gott ruft Hananias / Hananias sagt: „Ja, Herr, hier bin ich." / Gott hat einen Auftrag für ihn / Hananias bekommt Angst – und sagt es Gott.
3. Gott macht Hananias Mut und sagt ihm, was Saulus in Zukunft einmal sein und tun wird (V. 11b.15-16).
4. Hananias gehorcht (V. 17-19)
   Saulus weiß schon, daß Hananias kommen wird / Hananias weiß schon, was Saulus 3 Tage vorher erlebt hat – und was er jetzt tut: Er betet / Ein Wunder geschieht: Saulus kann wieder sehen / Nun gehöre ich zu Jesus! sagt Saulus / Nicht nur in seinem Herzen – er sagt es auch allen, die es wissen wollen in Damaskus / Er läßt sich taufen.

Wir lernen den Merkvers

Das kurze Gebet schreiben wir in eine Sprechblase.
Hananias sagt Ja, noch ohne zu wissen, was Jesus wirklich von ihm will. War es schwer für ihn oder leicht, zu tun, was Jesus ihm auftrug?
Es war schwer. Aber Jesus erwartet nie etwas von uns, ohne uns den Mut und die Kraft zu schenken, es auch zu tun.
Wir müssen ihm nur fest vertrauen (= alles zutrauen) und nicht schon vorher einen feigen Rückzieher machen.

Ja, Herr, hier bin ich!

Apostelgeschichte 9,10

Vertiefung

Eigene Gedanken zur Lektion

15 Der Mann aus Tarsus – für Jesus unterwegs

Text

Apg. 9,19b-31 (vgl. Gal. 1,11-24)

Lernvers

Siehe Zusammenfassung.

Hinweise zum Text

Vers 19-25:   Wer Jesus kennenlernt, kann es nicht verschweigen.
Und was geschieht? Paulus, der bis dahin mit Gewalt und Terror gegen die Anhänger der neuen Lehre gekämpft hat, wird nun selbst von einem Tag zum anderen von seinen früheren Freunden verfolgt und bekämpft.
Doch er hat neue Freunde gefunden. Die Christen in Damaskus helfen ihm. Weil sein Leben in Gefahr ist, planen sie eine nächtliche Flucht. Das Haus eines Christen dicht an der Stadtmauer wird zum Fluchtweg – und als „Verkehrsmittel" dient ein großer Korb, in dem man Paulus an einem Seil die hohe Stadtmauer hinunterlassen kann.
Nach Galater 1,11-24 liegen zwischen dem Bericht aus Vers 25 und 26 drei Jahre, die Paulus in Arabien verbringt. Diese Zeit nutzt Paulus gewiß nicht nur, um unterzutauchen und den Verfolgern zu entgehen; er nutzt sie bestimmt auch, um seine Bibel, das AT, zu studieren und herauszufinden, was bereits dort von Jesus als dem verheißenen Messias gesagt ist.

Vers 26-28:   Danach kommt Paulus nach Jerusalem. Doch dort kennt man ihn nur als fanatischen Christenverfolger. Man begegnet ihm zurückhaltend und mit einer gewissen Vorsicht.
Fünfzehn Tage ist er mit Petrus zusammen. In dieser Zeit lernt er neben vielen anderen auch Jakobus, den leiblichen Bruder Jesu, kennen (Gal. 1,18-19).
Barnabas, der „Sohn des Trostes" (vgl. Lektion 18), nimmt ihn uneingeschränkt als „Bruder" auf.

Vers 29-30:   Nur zu schnell ist die Zeit in Jerusalem zu Ende, denn Paulus ist nun auch hier in Lebensgefahr. Bis nach Cäsarea begleiten ihn einige Christen – sicher auch zum Schutz –, dann setzt er seinen Weg nach seiner Heimatstadt Tarsus alleine fort.
Tarsus war eine bedeutende römische Provinzhauptstadt mit einer großen Universität. Menschen aus aller Herren Länder trafen sich hier.

Gliederung und Erzählhilfen

1. Damaskus – Paulus – Synagoge (V. 19-20)
   Schlagzeilen, immer wieder Schlagzeilen: Paulus vor Damaskus / Paulus in Damaskus / Paulus bei den Christen / Paulus in der Synagoge ... / Da blickte doch keiner mehr durch! / Keiner? / Doch! Alle, die wissen und erfahren haben, daß Jesus ein Leben wirklich neu machen kann, blicken durch!
   Jesus ruft Paulus vor Damaskus / Paulus sagt Ja in Damaskus / Nun ist er selber Christ geworden / Jesus ist der Heiland der Welt. Das muß er den Juden in den Synagogen weitersagen.

2. Fassungslose Zuhörer (V. 21-22)
   Sie trauen Paulus nicht / Spielt Paulus eine Doppelrolle? / Also besondere Vorsicht! / Aber Paulus ist von Jesus überzeugt – und er verkündet das Evangelium überzeugend.

3. Mordpläne gegen Paulus (V. 23-25)
   Nicht nur einer – *alle* seine früheren Freunde sind jetzt gegen Paulus / Ein Entkommen scheint unmöglich / Stadttore werden scharf bewacht / Die Flucht über die Mauer.

4. Paulus entkommt nach Jerusalem (V. 26)
   Dort haben die Christen Angst / Sie trauen Paulus nicht.

5. Ein Freund für Paulus: Barnabas (V. 27-31)
   Die Christen in Jerusalem lernen den neuen Paulus kennen / Sie nehmen ihn herzlich auf und helfen ihm, als er auch in Jerusalem verfolgt wird und in Lebensgefahr ist.

Zusammenfassung

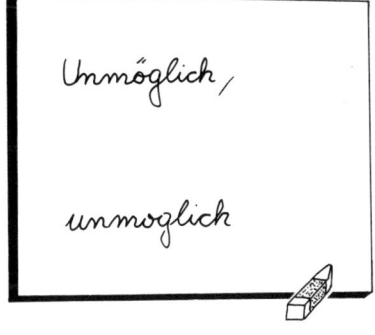 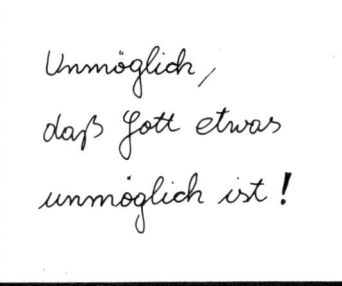

Einen Bibelvers lernen wir heute nicht. Wir fassen die Lektion wie folgt zusammen:

Wir schreiben das Wort UNMÖGLICH gleich zweimal an die Tafel (siehe Skizze). Dann lassen wir von den Kindern zusammentragen, was im Blick auf Paulus und sein Leben bisher „unmöglich" erschien. Und doch wurde so vieles möglich … Weshalb?

Anschließend schreiben wir die weiteren Worte in kleinerer Schrift dazwischen (Skizze 2).

Vertiefung

Eine Stadtmauer und ein Korb, in dem ein Mann befördert wird.

Eigene Gedanken zur Lektion

_____

_____

_____

_____

16 Petrus in Lydda und Joppe

Text

Apg. 9,32-42

Lernvers

Ich danke dir ewiglich, denn du kannst's wohlmachen. Psalm 52,11

Hinweise zum Text

Vers 32:   Schon in der Küstenebene des Mittelmeeres, fast 40 km westlich von Jerusalem, liegt Lydda, und noch einmal 20 km weiter am Mittelmeer Joppe (auch Japho oder Jaffa).
Die Christen werden hier (wie in Kap. 9,13.41) „Heilige" genannt. Heilig im Sinne der Bibel sind nicht wenige besondere Menschen, sondern alle, die durch Jesus Christus Gottes Kinder geworden sind. Heilig nennt die Bibel alles, was Gott gehört, Menschen, aber auch Gegenstände, z.B. am Heiligtum des Tempels.
Wie Menschen durch Gottes Eingreifen heil werden (vgl. auch Kap. 3), dafür gibt es kein bestimmtes Muster. Gott handelt auf so vielerlei Weise, wie die Gegebenheiten und Umstände des Lebens vielfältig sind.

Vers 35:   Auch hier wird die Heilung nicht der Fähigkeit des Petrus zugeschrieben, sondern der Macht Jesu Christi. An keiner Stelle lassen die Jünger Jesu etwas anderes zu. Und zu Jesus, dem Herrn, wenden sich auch die Menschen in Lydda.

Vers 36:   In Joppe ist eine „Jüngerin" (nur hier kommt diese Bezeichnung im NT vor) besonders bekannt und geschätzt. Ihr

Name Tabea (oder Tabita) heißt „Reh" oder „Gazelle". Wie ein flinkes Reh war sie wohl überall da zur Stelle, wo sie gebraucht wurde; unermüdlich, immer zum Helfen bereit.

Vers 37: Ihr plötzliches Sterben hinterläßt eine große Lücke. Es ist sehr ungewöhnlich, daß man sie nicht sofort beerdigt, wie es in den heißen Ländern üblich ist, sondern sie im Obergemach aufbahrt. Auffallend knapp und sachlich berichtet Lukas, der Arzt, dieses Wunder!

Vers 38: Daß Petrus während seiner Zeit in Joppe im Haus eines Gerbers wohnt, ist bezeichnend. Petrus beweist damit, daß er denkt und handelt, wie Jesus es getan hätte.

Der Beruf des Gerbers – er muß sich ja beim Gerben der Felle mit toten Tieren beschäftigen – galt als religiös „unrein". Kein strenggläubiger Jude ging in das Haus eines „Unreinen".

Gliederung und Erzählhilfen

1. Besuch in Lydda (V. 32-33)
   Christen treffen sich zum Gottesdienst / Bei ihnen fühlt man sich wohl, ganz wie „zu Hause" / Ein kranker Mann wird zum Gottesdienst getragen / Er kann sich überhaupt nicht selbst helfen / Äneas liegt schon 8 Jahre gelähmt im Bett.

2. Petrus vertraut Jesus (V. 34-35)
   Petrus sagt zu Äneas: Steh auf! Du kannst in Zukunft für dich selbst sorgen! / Tatsächlich – das Wunder geschieht. Jesus erweist seine Macht / In der ganzen Umgebung spricht man von der wunderbaren Heilung, freut sich mit, und viele beginnen, Jesus zu vertrauen.

3. Dringender Ruf aus Joppe (V. 36-40)
   Große Trauer um Tabita, die nach kurzer Krankheit starb / Wenn Petrus bei uns wäre ... / Die Christen suchen Trost und Rat, besonders die, denen Tabita geholfen hatte / Auch Petrus ist traurig / Schickt alle hinaus / Kniet ganz alleine betend an Tabitas Bett / Petrus weiß: Jesus ist sogar Herr über den Tod / „Tabita, stehe auf!" – ist alles, was Petrus sagt / Durch die Kraft Jesu geschieht das Wunder: Tabita öffnet die Augen / Petrus hilft ihr beim Aufstehen.

4. Alle in Joppe erfahren es (V. 41-42)
   Jesus ist mächtiger als der Tod! / Für Petrus ergeben sich viele Möglichkeiten, von Jesus zu erzählen.

Wir lernen den Merkvers

Wir schreiben jedes Wort des Spruches auf einen Streifen Papier.

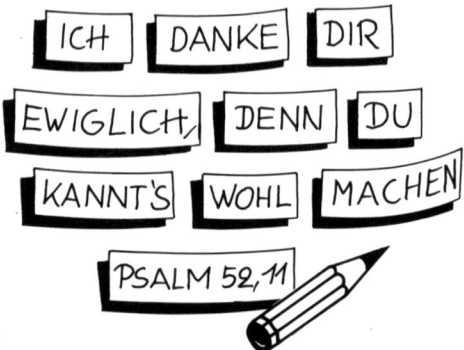

Nach der Erzählung bilden wir einen Kreis, legen die Wortstreifen in die Mitte und versuchen gemeinsam, daraus einen Satz zu bilden. Es gibt mehrere Möglichkeiten, doch die Aussage bleibt in etwa gleich. Zuletzt bringt ein Helfer die Streifen in die richtige Reihenfolge. So lernen wir spielend den Spruch.

Vertiefung

Eigene Gedanken zur Lektion

_____

_____

_____

_____

_____

17 Es begann auf einem Dach ...

Text

Apg. 10,1-48: Der Hauptmann Kornelius

Lernvers

Gott liebt jeden, der an ihn glaubt und nach seinen Geboten lebt.
Apg. 10,35

Hinweise zum Text

Vers 1:   Etwa 50 km nördlich von Joppe liegt Cäsarea am Meer – nicht zu verwechseln mit Cäsarea-Philippi nördlich des Sees Genezareth. Kornelius war Hauptmann (= Centurio) einer Hundertschaft von Soldaten.

Vers 2:   Kornelius betet – als gottesfürchtiger Mensch betet er zu dem Gott der Juden, und als Beter erfährt er Gottes Macht.

Vers 3:   „Die 9. Stunde" = 3 Uhr nachmittags.

Vers 7-8:   Im Hause des Kornelius herrscht offenbar eine gute, vertrauensvolle Atmosphäre; so hat Kornelius auch fähige und geachtete Diener, mit denen er über alles reden kann.

Vers 9-16:   Eine ungewöhnliche Lehrstunde für Petrus. Die Häuser in Palästina haben flache Dächer, die meist über eine Außentreppe zu erreichen sind. Hier findet man besonders in der heißen Jahreszeit einen luftigen und stillen Platz. Petrus hat eine Vision, einen „Tagtraum". Er weiß sofort: Hier redet Gott zu mir.

Vers 13-14:   Trotzdem erschreckt es ihn, daß er essen soll, was er nun wirklich nicht essen kann; nicht, weil es ihm nicht schmecken würde, sondern weil er schon als Kind gelernt hat, daß es „reine" und „unreine" Tiere gibt. Nur das Fleisch von „reinen" Tieren darf ein Jude essen (3. Mose 11). Und die Tiere, die er vor sich sieht, sind alle unrein!
„Rein" und „unrein" haben für die strenggläubigen Juden aber auch eine Bedeutung im Blick auf Menschen. Sie, die Juden, sind die Reinen, alle anderen, auch die Samaritaner,

gelten als unrein, also nicht als Gottes Auserwählte und nicht zu seinem Volk gehörend. Wer als Jude das Gesetz Gottes übertritt oder wie der Gerber Simon einen Beruf ausübt, der als unrein gilt, macht sich selbst unrein oder „gemein" und wird damit aus der Gemeinschaft der strenggläubigen Juden ausgeschlossen.

Die Angst, sich im religiösen Sinn zu verunreinigen, lähmt Petrus. Doch dann hört er das Wort: „Was Gott rein gemacht hat, mache du nicht unrein!" Einmal – zweimal – dreimal macht Gott ihm deutlich, um was es hier geht: Nicht Menschen, sondern Gott selbst bestimmt, was rein und unrein ist.

Das Tuch mit dem erschreckenden Inhalt verschwindet. Ein sehr nachdenklicher Petrus bleibt allein auf dem Dach zurück.

Vers 17-18: Da hört Petrus auch schon fremde Stimmen vor dem Haus. Und diese Fremden suchen ihn, den Jünger Jesu; sie suchen ihn bei dem Gerber Simon.

Vers 19-20: Nun erkennt Petrus, was Gott ihm sagen wollte: Die Fremden, die Heiden, darf er nicht als die Unreinen behandeln, sondern als Menschen, die Gott selbst zu ihm gesandt hat. Und Petrus weiß, daß es der Heilige Geist ist, der ihm nun Mut macht und sagt: Geh mit den Männern und zögere nicht.

Vers 44-48: Schritt für Schritt erlebt nun Petrus, daß Gott wirklich keinen Unterschied mehr macht zwischen Juden und Heiden. Er schenkt den Heiden seinen Geist genau so, wie er es vorher bei den Juden getan hatte (Apg. 2,4).

Verse 34-35 nach „Hoffnung für alle":
„Jetzt erst habe ich richtig verstanden, daß Gott keinen Menschen wegen seiner Abstammung bevorzugt oder benachteiligt, sondern daß er jeden liebt, der an ihn glaubt und nach seinen Geboten lebt."

Gliederung und Erzählhilfen

1. Kornelius, ein einflußreicher Mann, der Gott fürchtet, ohne ihn zu kennen (V. 1-8)
Wir erzählen von seinen Aufgaben, die er als römischer Offizier bei den Juden hat / Wir berichten über seine Familie und seine Verwandtschaft / Wir zeigen auf, wie groß sein Vertrauen zu seinen Leuten und Dienern ist – er spricht mit ihnen sogar über sein Beten!

2. Petrus, der schon lange für Jesus unterwegs ist, hat noch immer nicht „ausgelernt" (V. 9-16)
   Petrus spricht mit Gott, Gott spricht mit ihm / Ein „Traum" am hellichten Tag – doch Petrus weiß: Ich habe nicht geträumt ... ich habe etwas zu lernen ... / Gäste kommen und fragen nach Simon – der sitzt immer noch angestrengt nachdenkend auf dem Flachdach des Hauses / Gott gibt Petrus einen klaren Auftrag, und Petrus gehorcht.

3. Eine Begrüßung unter ganz fremden Männern, die schon einiges voneinander wissen! (V. 17-23)
   Die Fremden wissen, wo Petrus wohnt und wie er heißt / Petrus weiß, daß drei Männer nach ihm fragen / Simon, der Gerber, nimmt auch die Ausländer in seinem Haus auf.

4. „Hausversammlung" in Cäsarea (V. 24-43)
   Ich staune über Kornelius: Über seinen Mut. Ohne Petrus zu kennen, hat er viele Leute eingeladen / Über seine Haltung. Als Vertreter der Besatzungsmacht verneigt er sich vor einem „Untergebenen" / Über seine Offenheit. Ohne zu zögern, erzählt er Petrus, was er erlebt hat.
   Ich freue mich mit Petrus: Daß er als Apostel keine Ehrerbietungen für sich annimmt / Daß er jetzt merkt, warum Gott ihm den sonderbaren Traum geschickt hat / Daß er alle Vorurteile beiseite schiebt, um Gott gehorsam zu sein / Daß er mutig erzählt, wer Jesus ist und was er selbst mit ihm erlebt hat.

5. Gottes Liebe verändert Menschen (V. 44-48)
   Gottes Geist macht es jedem einzelnen deutlich, wer Jesus ist / Die Menschen können nicht anders, als voller Freude zu Gott zu beten, ihn zu rühmen.

Wir lernen den Merkvers

Wir schreiben den Spruch so an die Tafel, daß wir ihn einkreisen können. Bei größeren Kindern machen wir eine Weltkugel daraus.

Vertiefung

Die Kinder malen die Figuren, die wir rund um die Weltkugel kleben.

 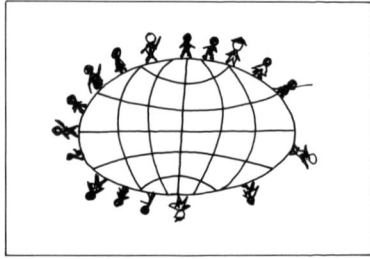

Eigene Gedanken zur Lektion

18 Barnabas, der Mann, der anderen Mut macht

Text

Apg. 11,19-26 (Kap. 4,36-37; 9,26-28)

Lernvers

Nehmt euch gegenseitig an, so wie ihr seid, denn auch Christus hat euch ohne Vorbehalte angenommen. Röm. 15,7

Hinweise zum Text

Vers 19-20: Phönizien erstreckt sich als schmaler Küstenstreifen vom Karmel bis zum Libanon. Hier liegen auch die Städte Tyrus und Sidon. Zypern ist eine Insel im östlichen Mittelmeer. Antiochia, ca. 300 km nördlich von Damaskus gelegen, war damals die drittgrößte Stadt des Reiches (nach Rom und Alexandrien).

Nach dem Tod des Stephanus müssen viele Christen aus Jerusalem fliehen (Apg. 8,1-2). Einige von ihnen kommen bis nach Antiochia. Sie schweigen nicht und erleben, „wie die Hand des Herrn mit ihnen ist" (V. 21). Nicht Paulus und Petrus sind also die „Helden" der Apg. Gott bestätigt auch die uns unbekannten Mitarbeiter.

Vers 22: In Jerusalem hört man die Berichte aus den fernen Orten und freut sich darüber. Barnabas, der „Sohn des Trostes", wird ausgewählt, um die junge Gemeinde im fernen Antiochia zu besuchen und den Christen dort Mut zu machen.

Vers 25: Barnabas hat Paulus nicht vergessen, den er kurz in Jerusalem kennenlernte, obwohl das schon fast drei Jahre her ist. Er weiß, daß Paulus nach Tarsus gegangen ist. Nachdem er seinen Auftrag in Antiochia ausgeführt hat, macht er sich auf den Weg, Paulus zu suchen.

Barnabas gibt nicht auf, bis er in der Großstadt Tarsus Paulus gefunden hat. Gemeinsam kehren sie nun nach Antiochia zurück. (Siehe auch Lektion 6.)

Vers 26: So wird Antiochia zur Heimatgemeinde für Paulus. Er arbeitet hier ein Jahr lang mit Barnabas zusammen.
In Antiochia werden die Nachfolger Jesu zum ersten Mal „Christen" genannt.

Gliederung und Erzählhilfen

Inge fürchtet sich vor dem Wasser. Jetzt soll sie schwimmen lernen ... Was kannst du tun, um ihr zu helfen?
Klaus ist bestimmt kein Angsthase, aber weil er einmal mit dem Fahrrad einen Unfall hatte, wagt er nicht mehr, aufs Fahrrad zu steigen. Was kannst du tun, damit er es doch wieder tut?
Frank und Bernd haben gemeinsam eine dumme Sache gedreht. Sie läßt sich nicht verheimlichen, aber darüber reden ist unmöglich für die beiden. Wie kannst du helfen?
Inge, Klaus, Frank und Bernd brauchen jemanden, der ihnen Mut macht! Wie macht man den anderen Mut?
– Versprechen: „Ich helfe dir" und es auch halten.
– Trösten, wenn's doch noch mal schief geht.
– Den anderen nicht allein, nicht „hängen" lassen.
– Sich üben, wirklich geduldig zu sein, auch wenn nicht gleich alles klappt.
– Sich kleine Überraschungen ausdenken, die dem anderen Freude machen.
(Kinder weiter zusammentragen und erzählen lassen.)
Barnabas (= „Sohn des Trostes") ist einer, der anderen Mut macht.

1. Barnabas, der in Jerusalem lebt, aber von Zypern stammt, ist ein richtiger „Mutmacher"
Für arme Menschen, denn er teilt mit ihnen, was er hat (Kap. 4,36) / Für die Außenseiter, vor denen man sich fürchtet, denn er geht hin und spricht mit ihnen, schenkt ihnen Vertrauen, setzt sich bei anderen für sie ein (Kap. 9,26-28).

2. In Antiochia wird jemand gebraucht, der Mut machen kann
Barnabas kommt / Er freut sich, daß er so viele Christen dort kennenlernt – und Freude steckt an! / Er macht denen Mut, die an Jesus glauben und nun immer öfter erfahren, daß man sie darum nicht mag ... links liegen läßt ... übersieht ... oder ihnen sogar Schwierigkeiten macht / Und immer mehr Menschen finden zu Jesus!

3. Auch in Tarsus wird jemand gebraucht, der Mut machen kann
Monate, ja Jahre sind vergangen, seit sich Barnabas und Paulus in Jeru-

salem kennengelernt haben / Barnabas weiß: Paulus ist nach Tarsus gegangen ... Dort ist er ja zu Hause ... / Ob ich ihn in der großen Stadt überhaupt finde ...? / Aber er braucht bestimmt jemanden, der ihm Mut macht ...

Barnabas findet Paulus tatsächlich / Er hat bestimmt lange gesucht und geforscht und nicht aufgegeben! / Paulus läßt sich von Barnabas Mut machen, mit ihm nach Antiochia zu kommen und dort für Jesus zu arbeiten.

4. Ein langes, gemeinsames Jahr in Antiochia
   Barnabas und Paulus werden Freunde / Gehören zu denen, die als erste Menschen auf der weiten Welt „Christen" genannt werden.

Wir lernen den Merkvers

Wenn wir den Spruch gelernt haben, spielen wir ihn, indem wir uns untereinander beim Aufsagen und Wiederholen die Hände reichen. Der Leiter muß darauf achten, daß dabei wirklich kein Kind ausgelassen wird.

Nehmet euch gegenseitig an so wie ihr seid, denn auch Christus hat euch ohne Vorbehalte angenommen. Römer 15,7

Vertiefung

Barnabas

Für Jesus unterwegs

Eigene Gedanken zur Lektion

19 Ein Haftbefehl und seine Folgen

Text

Apg. 12,3-19a: Petrus wird gefangengenommen

Lernvers

Wir dürfen uns darauf verlassen, daß Gott unser Gebet erhört. 1. Joh. 5,14

Hinweise zum Text

Vers 3:   Etwa zehn Jahre sind seit Jesu Tod und Auferstehung vergangen. Wieder ist es kurz vor dem bevorstehenden Passafest. Petrus wird verhaftet. Herodes will damit den Führern des Volkes einen Gefallen tun, damit er bei ihnen gut angesehen ist.

Vers 4:   Petrus wird wie ein Verbrecher scharf bewacht – sechzehn Soldaten sind dazu eingeteilt worden.

Vers 5:   Die Gemeinde betet „unaufhörlich" für ihn. Sie sagt nicht: „Gott weiß es ja jetzt."

Vers 6:   Aber einer schläft. Und das ist der in Ketten gelegte Petrus. Macht er sich denn keine Sorgen?

Vers 11:   Viele haben mit Spannung auf den Prozeß gegen Petrus gewartet, doch sie geraten in Verlegenheit. Noch immer lehnen die Machthaber und das Volk den einzigen und mächtigen Sohn Gottes ab, ja sie verfolgen ihn noch immer.

Vers 13-14:   Rhode, das Dienstmädchen im Haus, ist vor Freude so außer sich, daß sie vergißt, Petrus die Tür zu öffnen. Aber auch alle anderen können kaum fassen, daß Gott ihr Gebet erhört hat.

Vers 17:   Es gab einen herzlichen, lautstarken Empfang. Doch es ist auch Platz für ganz nüchterne Überlegungen. Für Petrus ist es in Jerusalem vorerst zu gefährlich. So zieht Petrus weiter; als Bote Gottes wird er nicht arbeitslos.

Gliederung und Erzählhilfen

Wir sprechen mit den Kindern über Gefängnisse und über die Männer und Frauen, die dort leben (müssen).
– Warum sind sie dort?
– Wer bestimmt darüber?
– Wie kann man wieder rauskommen?
Dann leiten wir über zur biblischen Erzählung.

1. Im Gefängnis, ohne schuldig zu sein (V. 3-4)
   Streng bewacht und angekettet / Weil der König es so will, ihm „gefällt das" / Er beweist seine Macht; den meisten scheint diese Ungerechtigkeit sogar zu gefallen.

2. Im Gefängnis, aber nicht allein (V. 5-9)
   Viele Menschen denken an Petrus und beten für ihn, und: Beten hilft! / Die letzte Nacht vor dem Prozeß – schärfste Bewachung, rechts und links Soldaten, alle sechs Stunden Wachwechsel / Petrus schläft! Er kann schlafen, denn er weiß, daß Jesus ihn lieb hat und nichts zulassen wird, was nicht wirklich gut für ihn ist / Ein Engel kommt! Sein Licht macht den dunklen Kerker hell / Er weckt Petrus auf / Er spricht mit ihm / Petrus gehorcht, wie im Traum handelt er. Der Engel muß ihn an alles erinnern: Zieh deine Kleider an – deine Schuhe stehen noch da – vergiß deinen Mantel nicht – jetzt komm hinter mir her ...

3. Der Weg in die Freiheit (V. 9-12a)
   Durch die Zellentür ... / Den Gang entlang, vorbei an den vielen Soldaten ... / Niemand hält sie auf ... / Das schwere Tor öffnet sich vor ihnen / Kein Fingerabdruck bleibt zurück! / Erst in einer schmalen Straße wird Petrus richtig wach: Ich träume nicht; Gott selbst hat mir geholfen! Jetzt wird man mich im Gefängnis vergeblich suchen / Wohin jetzt? / Zum Haus von Johannes Markus!

4. Was ist los im Haus von Johannes Markus? (V. 12b-16)
   Lichter brennen spät in der Nacht ... / Menschen beten, beten noch immer / Sie wissen ja nicht, was inzwischen geschehen ist / Es klopft an die Tür / Das Hausmädchen fragt, wer draußen steht, macht aber die Tür nicht auf / Erkennt Petrus an seiner Stimme / Vergißt vor Freude zu öffnen / Man glaubt ihr nicht ... / Petrus muß weiterklopfen / Endlich! Einer macht auf! Unbeschreibliche Freude!

5. Petrus erzählt (V. 17-19)
   Jetzt ist er ganz sicher: Das hat Gott getan! Kein Traum – Wirklichkeit! / Aber in Jerusalem ist es nun für ihn zu gefährlich / Bis zum Mor-

gen, wenn der König erfährt, daß Petrus nicht mehr im Gefängnis ist, muß er in einem sicheren Versteck sein.

Wir lernen den Merkvers

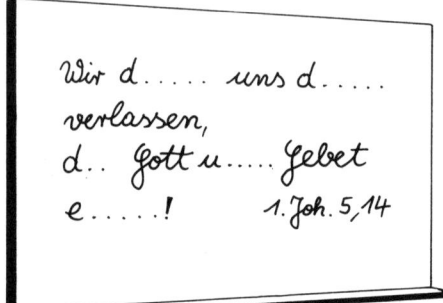

Vom Tagesvers heute schreiben wir jedes 2. Wort an die Tafel. Die fehlenden Worte dürfen die Kinder bestimmen.

Vertiefung

Eigene Gedanken zur Lektion

20 Die erste große Reise beginnt

Text

Apg. 13,1-12

Lernvers

Wie Lektion 11: Apg. 1,8

Hinweise zum Text

Vers 1-2:	Antiochia wird zur Heimatgemeinde für die Weltmission. Gott gibt den Auftrag dazu und bestimmt die Mitarbeiter (vgl. Kap. 9,15-16).
Vers 3:	Die anderen Christen wissen sich zu Hause verantwortlich, denn ohne Gebet in der Heimat(gemeinde) kann keine Weltmission geschehen.
	Johannes Markus, der Neffe von Barnabas, geht als junger Gehilfe mit auf die Reise.
Vers 4:	Zypern ist die Heimat des Barnabas. Hier beginnen die Missionare, die Botschaft von Jesus als dem Sohn Gottes weiterzusagen.
	Es ist das Prinzip der Apostel, sich in der Missionstätigkeit immer zuerst mit der Botschaft an die Juden zu wenden. Dazu bieten sich die Synagogen (= Gotteshäuser der Juden) an.
Vers 6:	Barjesus („Sohn des Jesus") oder Elymas („Der Weise", V. 8) ist ein falscher Prophet. Um seinen Worten die nötige Glaubwürdigkeit zu verschaffen, gebraucht er okkulte und magische Kräfte. So wird er mit Recht Zauberer genannt.
Vers 9-11:	Durch den Heiligen Geist befähigt, durchschaut Paulus dieses dunkle Geschäft. Er nennt ihn nicht „Sohn des Jesus", sondern „Kind des Teufels" und „Feind aller Gerechtigkeit". Elymas erfährt Gottes Allmacht und erblindet für einige Zeit.

Vers 12: Sergius Paulus ist Prokonsul (Landvogt, heute würden wir ihn Landrat nennen) auf der Insel. Sergius ist einer der ersten, der der Botschaft von Jesus glaubt.

Von nun an wird Saulus in der Apg. nur noch mit seinem römischen Namen Paulus genannt.

Gliederung und Erzählhilfen

Was ist ein Missionar? (Kinder antworten lassen.)
Evtl. von uns bekannten Missionaren erzählen.

1. Wie wird man Missionar? (V. 1-3)
   Wer Jesus lieb hat, will etwas für ihn tun; es gibt ja noch so viele Menschen, die nichts von Jesus wissen / Wer Jesus lieb hat, betet (spricht mit ihm) / Wer Jesus lieb hat, fragt nach seinem Willen / Erfährt Gottes Willen auch durch andere Christen und durch sein Wort, die Bibel.
   Für Missionare sind drei Dinge klar:
   Sie reden mit Gott = Beten / Sie lassen Gott mit sich reden = Bibellesen ... / Sie reden mit anderen Menschen von Gott = Bekennen.

2. Paulus und Barnabas machen sich auf den Weg (V. 4-6)
   Johannes Markus wird ihr erster Helfer / Die Insel Zypern kennt Barnabas; es ist seine Heimat / Quer durch die Insel, das meiste sicher zu Fuß – 100 km Weg!

3. Eine wichtige Einladung – doch einer will sie boykottieren (V. 6.8)
   Sergius Paulus, Landrat der Insel, will von Paulus und Barnabas mehr über Jesus hören / Der Freund des Landrates, Elymas, setzt alles daran, dies zu verhindern / Er hat allen Grund dazu: Er ist ein Zauberer (nennt sich aber Prophet). Kaum jemand wird ihm noch zuhören und gehorchen, wenn die Inselbewohner Christen werden.

4. Paulus erkennt, was mit Elymas wirklich los ist (V. 9-11)
   Er weist ihn mit scharfen Worten zurecht / Er kündigt ihm eine Strafe an, damit Elymas erfährt, wer wirklich Gott und Herr ist. Der Zauberer erblindet.

5. Einer der ersten Christen (V. 12)
   Sergius Paulus ist beeindruckt. Was Paulus und Barnabas als Boten Gottes in der Kraft Gottes tun, überzeugt ihn. Er wird Christ.

Wir lernen den Merkvers

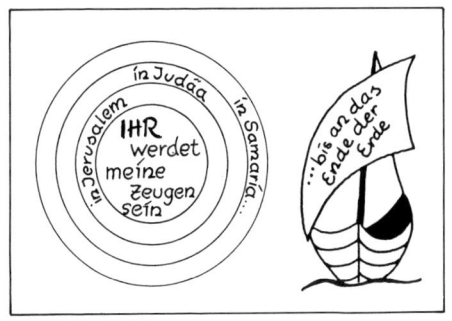

Siehe Lektion 11. Wir fügen ein Schiff hinzu und ergänzen den Spruch.

Vertiefung

Ein Schiff – als Symbol eines der wichtigsten Verkehrsmittel auf den Reisen des Apostels.

Eigene Gedanken zur Lektion

21 Für Jesus unterwegs – und weggejagt

Text

Apg. 13,13-52: In Antiochia in Pisidien

Lernvers

So wurde das Wort Gottes in der ganzen Umgebung bekannt. Apg. 13,49

Hinweise zum Text

Eine weite und sicher nicht ungefährliche Reise liegt zwischen Paphos auf der Insel Zypern und Perge in Kleinasien (heutige Türkei). Ist sie Johannes Markus zu gefährlich? Er kehrt um.

Vers 14.42-45: In der Synagoge, wohin Paulus und Barnabas auch hier wieder zuerst gehen, hören ihnen einige sehr aufmerksam zu, andere lehnen die Botschaft ab. Sie spotten und lästern sogar.

Die Juden fürchten um ihren Einfluß in der Stadt und hetzen angesehene Persönlichkeiten gegen die Missionare auf.

Vers 50: Paulus und Barnabas erleben, daß man sie nicht nur ablehnt und ihnen nicht mehr zuhört, sie erfahren nicht nur Spott und Verachtung, sie müssen sogar erleben, daß sie verjagt und regelrecht verfolgt werden.

Und das alles wegen der Botschaft, die doch das Heil bringt.

Vers 52: Aber alle, die sich in der Stadt zu Jesus bekennen, bleiben mit frohem Herzen zurück. Wer Jesus als Herrn erfährt, erlebt auch die Freude, die der Heilige Geist in das Leben gibt.

Gliederung und Erzählhilfen

Bist du schon einmal weggejagt worden? Hat man dir widersprochen? Ließ man dich nicht ausreden? Warum? Was hattest du angestellt?

1. Ganz schön anstrengend! (V. 13-14)
Eine lange Schiffsreise ... / Offenes Meer ... / Kein Ozeanriese mit modernen Geräten ... nur ein kleines Schiff der damaligen Zeit / Es fuhr nur bei günstigem Wind, Motore gab es ja noch nicht / Es schaukelte bei jeder Woge / Und tagelang nur Wasser, Wasser, Wasser!
Markus verliert den Mut; er gibt auf und kehrt zurück / Paulus und Barnabas halten durch / Als nächstes ein Fußmarsch ... Mehr als 100 km wandern die beiden Männer von der Küste bis zur Stadt Antiochia (nicht verwechseln mit dem Antiochia, von wo Paulus und Barnabas kommen!) in der heutigen Türkei.

2. Wohin jetzt? In Antiochia kennen Paulus und Barnabas niemanden (V. 14-41)
Zum Gottesdienst! / Dort können wir Menschen treffen ... mit ihnen reden ... ihnen erzählen, warum wir eine so anstrengende Reise unternehmen / Ihnen sagen, daß wir Jesus kennen, den Messias (Retter) aller Menschen.
Paulus und Barnabas mischen sich unter die vielen, die gekommen sind / Hören zu, als aus dem Alten Testament vorgelesen wird / Wie gut sie die Geschichten kennen!
Paulus und Barnabas werden als Gäste begrüßt / Sie dürfen zu den vielen Menschen sprechen / Paulus berichtet, erzählt / Von Gott, von Mose, vom Volk Israel; von Samuel, der als letzter Richter das Volk Israel führte und dann von Saul abgelöst wurde, als dieser König wurde / Doch dann kam David, ein König, der Gott liebte und gehorchte. David war ein wichtiger und sehr mächtiger Mann, doch jemand aus seiner Familie, der viel später geboren wurde, ist noch größer als König David: Jesus / Von ihm ist in den heiligen Schriften die Rede. Er ist der Messias.
Aber die führenden Männer in Jerusalem wollten nicht wahrhaben, daß Jesus der Sohn Gottes ist / Sie gingen böse mit ihm um / Er mußte am Kreuz sterben / Aber Gott hat ihn nicht vergessen, er hat ihn von den Toten auferweckt. So war es schon lange angekündigt.
Jesus will uns zu frohen Menschen machen ... Das kann er; denn er will uns alle Schuld, alle Sünde vergeben ... er hat die Strafe dafür am Kreuz gebüßt. Hört uns gut zu! Lehnt nicht ab, was Gott selbst euch anbietet.

3. Paulus und Barnabas haben Freunde gewonnen (V. 42-44)
Gemeinsam verlassen sie den Gottesdienst / Sie wollen noch mehr von Jesus hören / Kommt ja am Sabbat wieder zum Gottesdienst! / Über das, was Paulus und Barnabas verkündeten, spricht man bald in der ganzen Stadt / Der nächste Gottesdienst ist so gut besucht wie selten zuvor.

4. Paulus und Barnabas lernen Feinde kennen (V. 45–49)

So viele Leute, die die dahergekommenen Fremden hören wollen / Können wir nicht genauso gut predigen wie die? / Muß man denn immer auf Fremde hören? / Die müssen wir zum Schweigen bringen / Aber wie?

Einige fangen im Gottesdienst an zu widersprechen, zu lachen und zu spotten / Paulus läßt sich davon nicht beeindrucken / „Dann wenden wir uns eben an die Heiden" / Von Gott und seinem Sohn Jesus spricht man nicht nur in der Stadt, sondern bald in der ganzen Gegend.

5. Und dann passiert es! (V. 50–52)

Paulus und Barnabas werden weggejagt / Warum? (Kinder antworten lassen – vgl. Beiträge der Kinder vom Anfang der Lektion) / Wer selbst nicht auf Jesus hören und ihm gehorchen will, könnte doch eigentlich weggehen und die anderen in Ruhe lassen / Aber genau das können diese Leute nicht. Sie meinen, es auch verhindern zu müssen, daß andere zuhören.

Paulus und Barnabas ziehen weiter / Auch die Menschen, die Jesus in ihr Leben aufgenommen haben, lassen sich nicht unterkriegen. Jeder, der sie sieht, merkt: Die freuen sich aber!

Wir lernen den Merkvers

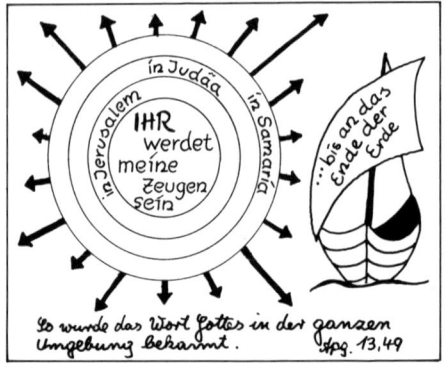

Wir ergänzen Spruch und Tafelbild der Lektionen 11 und 20 wie Skizze

Vertiefung

Siehe Merkvers.

Eigene Gedanken zur Lektion

78

22 Eine verhängnisvolle Verwechslung

Text

Apg. 14,8-18: Sind die Apostel Götter?

Lernvers

Ich bin der Herr, dein Gott; du sollst keine anderen Götter haben neben mir. 2. Mose 20,2

Hinweise zum Text

Vers 8:	„Schwache Füße" = kraftlos, gelähmt.
Vers 9:	Vgl. Kap. 3,4-5 – Lektion 3. Blicke voller Vertrauen, voller Hoffnung, voller Glauben.
Vers 11:	Sind es Sprachschwierigkeiten, die verhindern, daß Paulus richtig verstanden wird und die Apostel nicht sofort erkennen, was geschieht? Die Einheimischen denken in den althergebrachten falschen Vorstellungen ihres (Aber-)Glaubens. Sie wollen die Götter, die offenbar in Menschengestalt zu ihnen gekommen sind, günstig stimmen.
	Barnabas, wohl der Ältere der beiden Apostel, wird kurzerhand zum Göttervater Jupiter (Zeus) erklärt. In Paulus sieht man den Götterboten Merkur (Hermes).
Vers 13-18:	Erst als Priester mit Opfertieren und Kränzen ankommen, begreifen die Apostel, was vor sich geht. Sie wehren sich mit allen zur Verfügung stehenden Mitteln; sie zerreißen ihre Kleider als Zeichen des Entsetzens. Trotzdem gelingt es ihnen nur mit Mühe, das in Ekstase geratene Volk zu beruhigen.
	Die Ehre, die allein ihrem Herrn zusteht, wollen die Apostel auf keinen Fall für sich in Anspruch nehmen – selbst da nicht, wo man später das Mißverständnis hätte aufklären können.

Gliederung und Erzählhilfen

1. Wir besuchen Lystra in der heutigen Türkei
   Ein Reiseleiter führt uns durch die Stadt: Enge Gassen, kleine Häuser, wie man sie in der Türkei überall findet – kein besonderer Prunk, keine großen Paläste. Kleine Kinder spielen in der Sonne, alte Menschen sitzen im Schatten der Häuser.
   Lystra ist eine alte Stadt! Zur Zeit des Kaisers Augustus war sie eine römische Kolonie, ein schlichtes Denkmal mit der Inschrift „Col. Lystra" erinnert daran.
   Wir gehen an den alten Stadtmauern entlang und kommen an die Tore der Stadt. Menschen kommen, Menschen gehen. Welch ein buntes Treiben! Dann schauen wir durch das Tor und entdecken, nicht weit entfernt, ein Gebäude, von dem uns unser Reiseleiter Interessantes berichtet:
   Es ist einer der Tempel, die dem griechischen Göttervater Zeus geweiht waren. Sogar Priester gab es hier; sie verehrten Zeus („Jupiter" ist sein römischer Name) als den Vater aller Götter und dienten ihm durch ihre Opfer.

2. Auch Paulus und Barnabas gingen durch diese Stadt (V. 8-10)
   Sie gingen durch die Straßen, sahen die Menschen, hörten sie sprechen, verstanden sie aber nicht, wenn sie sich in ihrer eigenen Sprache unterhielten / Paulus und Barnabas sprachen zu ihnen in der griechischen Weltsprache.
   Vor einem einfachen Haus sitzt ein kranker Mann / Sein Gesicht hat er Paulus zugewandt / Kein Wort läßt er sich entgehen / Paulus merkt, wie gespannt ihm dieser Mann zuhört / Der Mann hat noch nie auf seinen Beinen stehen, noch nie einen Schritt laufen können, doch in ihm wächst die Überzeugung, daß der Gott, von dem der Fremde spricht, ihm helfen kann / Paulus ruft ihm zu: Steh auf! / Was geschieht? (Kinder antworten lassen.)
   Der Mann *steht* nicht nur auf, er *springt* auf! (Wir demonstrieren den Kindern den Unterschied: Langsames, beschwerliches Aufstehen – sportliches, flottes Aufspringen, und lassen es die Kinder nachmachen.)
   Ja – und wie könnte die Geschichte weitergegangen sein? (Kinder erzählen lassen.)

3. In Lystra ist was los! (V. 11-18)
   Ein Rufen, ein Schreien, ein Jubel setzt ein / Keiner redet mehr in der Landessprache, alle rufen aufgeregt in ihrer Muttersprache: „Die Götter sind als Menschen zu uns gekommen!" – „Zeus und Hermes sind

hier bei uns!" / Paulus und Barnabas verstehen kein Wort. Sie sehen sich nur hilflos an. Was rufen die Leute?

Alle drängen zum Stadttor / Paulus und Barnabas werden mitgerissen / Da sehen sie: Vom Tempel her kommt der Priester mit geschmückten Opfertieren / Aus den vielen, vielen Stimmen hören Paulus und Barnabas immer wieder die beiden Götternamen „Hermes", „Zeus" / Endlich begreifen die Apostel / „NEIN!" schreien sie / Aber die Menge schreit lauter / Die beiden laufen unter die jubelnden Menschen: „Nein! Nein!" / Damit man auf sie hört, zerreißen sie ihre Kleider / „Hört uns doch erst einmal richtig zu! Wir sind Menschen wie ihr! Wir sind keine Götter! Uns dürft ihr keine Opfer bringen!"

4. Was meint ihr: Wie geht diese Geschichte weiter?
   Kinder erzählen lassen. Wir schreiben die Aussagen in Stichwörtern an die Tafel (sie dienen uns als Einstieg in die nächste Lektion). Als Abschluß der Lektion lernen wir den Spruch. Paulus und Barnabas nehmen das Gebot Gottes ernst. Sie machen nicht mit, auch nicht „nur zum Spaß". Gott, der Vater im Himmel, ist der einzige, wahre, wirkliche Gott. Das soll jeder wissen.

Wir lernen den Merkvers

Wir schreiben den Spruch mit unterschiedlichen Farben an die Tafel. Die Kinder bestimmen, welche Farbe beim gemeinsamen Lernen als nächste weggewischt wird.

Vertiefung

Ein dick durchkreuzter Altar – dazu der Name Lystra. (Damit man nebenstehende Zeichnung bei Bedarf kopieren kann, wurde auf das Durchkreuzen verzichtet.)

Eigene Gedanken zur Lektion

23 Mit Steinen beworfen und doch nicht entmutigt

Text

Apg. 14,19-28: Paulus wird gesteinigt

Lernvers

In allen Traurigkeiten bleiben wir fröhlich. Wir sind arm und beschenken doch viele reich. Wir haben nichts, und besitzen doch alles. 2. Kor. 6,10

Hinweise zum Text

Vers 19-20a: Fanatische Juden aus den Orten, in denen Paulus und Barnabas vorher waren, sind ihnen gefolgt. Sie wollen verhindern, daß die beiden weiter von Jesus sprechen.
Inzwischen haben die Menschen in Lystra eingesehen, daß Paulus und Barnabas keine Götter sind. Sie sind enttäuscht und verärgert, weil sie sich geirrt haben. Paulus und Barnabas konnten verhindern, daß ihnen geopfert wurde, aber sie können es jetzt nicht verhindern, daß die Begeisterung in Haß umschlägt. Dieser Haß wird von den Juden aus Antiochia und Ikonion noch geschürt. Schon fliegen die ersten Steine. Paulus bricht wie tot zusammen und wird brutal vor die Stadt geschleift (vgl. 2. Kor. 6,9). Aber Gott läßt seine Boten nicht im Stich. Er schenkt Paulus die Kraft, wieder aufzustehen und in die Stadt zurückzugehen.

Vers 20b: Am nächsten Tag setzen sie ihre Reise fort und gehen nach Derbe. Auch dort werden Menschen gläubig, obwohl sie doch sehen, wieviel Schwierigkeiten es mit sich bringen kann, wenn man Jesus als seinen Herrn anerkennt und ihm gehorcht.

Vers 21b-22:   Die erste Reise geht zu Ende. Paulus und Barnabas kehren zurück in ihre Heimatgemeinde. Aber die jungen Christen, die in den verschiedenen Orten nun selbst zu Missionaren geworden sind, vergessen sie dabei nicht. Furchtlos kehren sie auf der Rückreise an jedem der Orte wieder ein, wo

Menschen zum Glauben an Christus gekommen sind. Sie trösten, sie ermutigen, sie machen aber auch deutlich, daß ohne Leiden kein Christsein denkbar ist.

Gliederung und Erzählhilfen

1. Zu der letzten Geschichte haben wir uns selbst einen Schluß ausgedacht. Wer weiß noch, um was es dabei ging? (Aufzeichnungen an der Tafel einbeziehen!)

2. Der begeisterte Jubel verwandelt sich in Enttäuschung, ja in Haß (V. 19)
Die Fremden haben uns angeführt ...! / Das sind Betrüger! / Mit denen wollen wir nichts mehr zu tun haben! Die Leute aus Antiochia sagen das auch / Dort hat man die beiden weggejagt / Geschah ihnen recht / Hier wollen wir sie auch nicht mehr haben / Weg mit ihnen!

3. Bösen Gedanken folgen böse Worte, bösen Worten folgen böse Taten (V. 19-20)
Steine fliegen; zuerst nur wenige, dann immer mehr / Sie treffen Paulus / Er stürzt / Bleibt wie tot liegen / Man schleift ihn wie ein totes Tier vor die Stadttore / Seine Freunde können es nicht verhindern.
Gott hat Paulus nicht vergessen! / Er schenkt Paulus wieder neue Lebenskraft / Paulus kann aufstehen und in die Stadt zurückgehen / In Antiochia weggejagt, in Lystra mit Steinen beworfen – ob Paulus da überhaupt weitermachen will?

4. Paulus und Barnabas machen weiter! (V. 21-26)
Im Reisebericht von Paulus und Barnabas geht es mit Riesenschritten weiter: Nächster Tag, nächster Ort: Derbe / Menschen hören die Predigt von Paulus und Barnabas / Viele von ihnen schenken Jesus ihr Vertrauen / Sie wollen in Zukunft nicht mehr fremden Göttern opfern, sie wollen auf Gott und sein Wort hören und ihm gehorchen.
Die 1. Reise von Paulus und Barnabas geht zu Ende. 1000 km haben sie zurückgelegt, etwa die Hälfte davon sicher zu Fuß / Die Rückreise wird beschlossen, der Reiseweg wird festgelegt: von Derbe nach Lystra, nach Ikonion, nach Antiochia.
Wäre es nicht besser, die Orte zu meiden, an denen sie so schlecht behandelt wurden?
Nicht für Paulus und Barnabas! / Wir haben dort ja nicht nur Schweres erlebt, es gab dort auch viel Schönes / Die Menschen, die an Jesus gläubig wurden / Der Lahme, der durch Gottes Kraft gesund wurde / All

diese Menschen wollen wir wiedersehen / Wir wollen ihnen Mut machen.

Eine „Ruhepause" haben die fleißigen Missionare erst, als sie im Hafen von Attalia wieder das Schiff besteigen, um von hier aus den kürzesten Weg nach Hause anzutreten.

5. Wieder „zu Hause" in Antiochia (V. 27-28)
   Ein frohes Wiedersehen, ein Händeschütteln und Begrüßen / Paulus und Barnabas berichten: Gott ist ein mächtiger, großer Gott! Wir haben es erlebt – und viele Heiden, die nun Christen sind, mit uns!

Wir lernen den Merkvers

Tafelbild:

Vertiefung

Einen Steinhaufen, der an die Steinigung erinnern soll.

Eigene Gedanken zur Lektion

24 Auf großer Reise – bis nach Europa

Text

Apg. 15,36-16,10: Beginn der zweiten Missionsreise

Lernvers

Komm nach Mazedonien herüber und hilf uns! Apg. 16,9

Hinweise zum Text

Vers 36-39: Auch wenn man „ein Herz und eine Seele" ist, kann es verschiedene Meinungen geben (wie gut, daß uns das in der Bibel nicht verschwiegen wird!).
Paulus und Barnabas trennen sich, weil Barnabas seinen Neffen Johannes Markus wieder mitnehmen will. (In 2. Tim. 4,11 zählt Paulus auch Johannes Markus wieder zu seinen Mitarbeitern.)

Vers 40: So kommen auf der zweiten Reise neue Mitarbeiter ins Team: Zunächst ist es Silas, der schon in der Gemeinde in Jerusalem als zuverlässig galt und deshalb besondere Aufträge bekam (Kap. 15, 22). Er besitzt wie Paulus das römische Bürgerrecht; vielleicht ein Vorteil auf den gefährlichen Reisen.

Kap. 16,1-3: Diesmal wählt Paulus den Landweg zu den Orten, die von den Aposteln schon auf der ersten Reise besucht wurden. Ohne besondere Zwischenfälle erreichen sie Derbe und Lystra, die letzten Stationen der ersten Reise.
Hier schließt sich ihnen Timotheus als Mitarbeiter an. Er weiß um die Verfolgungen, denen Paulus und Barnabas auf der letzten Reise ausgesetzt waren. Vielleicht hat er sogar die Steinigung des Paulus miterlebt (14,20). Trotzdem wagt er es, mit Paulus und Silas zu ziehen. Seine Mutter und seine Großmutter sind gläubige Frauen (2. Tim. 1,5). Paulus hat ihn ganz besonders ins Herz geschlossen und behandelt ihn wie einen Sohn.

Vers 3b–4:	Diese Verse können wir in der Erzählung übergehen, da das Verständnis für diese Aussagen weitausholende Erklärungen nötig macht, die von den im Text berichteten Ereignissen eher ablenken.
Vers 6–8:	Der Heilige Geist öffnet nicht nur Wege, er kann auch Wege verschließen. Das führt um so mehr ins Gebet. In der Hafenstadt Troas geht es nun wirklich nicht mehr weiter. War denn alles nur eine Sackgasse? So haben sich die drei Missionare bestimmt gefragt.
Vers 9–10:	Was Paulus gezeigt wird, ist kein Ausweg, sondern der Weg, den Gott führt, der nach seinem Willen gegangen werden soll. Nicht nur Paulus ist davon überzeugt, auch seine Mitarbeiter sind es. Hier beginnt der Bericht der Apg. in der Wir-Form; nun begleitet Lukas also selbst das kleine Missionsteam und berichtet als Augenzeuge.

Gliederung und Erzählhilfen

Wer hat schon einmal eine große Reise gemacht? Wohin ging die Fahrt? Wer war dabei? Würdest du diese Reise noch einmal machen?

1. Paulus plant seine zweite große Reise (V. 36–41)
   Er möchte erfahren, wie es den jungen Christen ergeht / Er möchte die gute Nachricht von Jesus noch vielen Menschen an anderen Orten weitersagen / Er wählt sich als Begleiter Silas aus / Paulus und Silas werden im Gottesdienst verabschiedet (= ausgesandt). Das ist für die beiden Missionare sehr wichtig, denn sie wissen nun, daß die Christen zu Hause für sie beten.

2. Die Reise beginnt – zu Fuß! (Kap. 15,40–16,1)
   400 km – von Antiochia nach Derbe / Staubige Straßen / Große Hitze / Hohe Berge / Gefährliche Flüsse / Fremde Sprachen / Fremde Menschen / Aber immer mutig für Jesus unterwegs!
   Von Derbe geht's weiter nach Lystra / Fast möchte man meinen, es habe Paulus mit Macht dorthin gezogen.

3. Ein junger Mann in Lystra (V. 1b–5)
   Ob er es war, an den Paulus immer denken mußte? / Vielleicht hatte er sich für Jesus entschieden, als Paulus zum ersten Mal dort war? / Paulus hat ihn lieb, nennt ihn später „seinen Sohn" / Dieser junge Mann wird der neue Reisebegleiter für Paulus und Silas.

4. Fragen an Timotheus

Wie heißt du?

Timotheus – und das bedeutet: „Ehre Gott!"

Woher kennst du Paulus?

Er war schon einmal, nein zweimal hier bei uns in Lystra. Er bringt uns Gottes gute Botschaft. Das beeindruckt mich ...

Als Paulus zum ersten Mal hier in Lystra war, habt ihr ihn ja fast umgebracht. Hast du keine Angst, daß du auch einmal in so große Schwierigkeiten kommen könntest?

Also – du sagst, „ihr" habt ihn fast umgebracht ... Das stimmt nicht ganz. Ich bin zwar auch aus Lystra, aber zu denen, die damals die Steine auf Paulus warfen, darfst du mich nicht zählen. Wie empört und traurig haben wir damals dabeigestanden! Wie froh waren wir, als Paulus sich wieder bewegte, ja sogar aufstand, obwohl ihn ein paar Rohlinge vor die Stadttore geschleift hatten.
Du fragst mich, ob ich Angst habe? Frage mich lieber, was bei mir größer ist: die Angst vor möglichen Schwierigkeiten oder mein Mut, für Jesus alles dranzusetzen und durchzuhalten. Da weiß ich besser, was ich antworten soll: Mein Mut ist größer als meine Angst. –

Wie stellst du dir das jetzt weiter vor?

Wenn ich Paulus und Silas erzählen höre, weiß ich, was alles kommen kann. Was ich mir am meisten wünsche, ist meinem Namen gemäß zu leben und Gott zu ehren.

5. Aus 3 mach 4 ... (V. 6-8)
Zu dritt geht die Reise weiter / Tag um Tag erzählen sie von Jesus / Auf Marktplätzen, in Synagogen ... / Und Menschen werden gläubig.
Doch dann wissen die Missionare nicht, wohin sie als nächstes ziehen sollen / Sollen sie umkehren? Oder in einen anderen Ort gehen ...? / Sie kommen bis nach Troas, der großen Hafenstadt / Dort treffen sie Lukas. Er ist von Beruf Arzt und kommt nun als vierter Mitarbeiter in die kleine Missionsmannschaft.

6. Ein fremder Mann ruft um Hilfe (V. 9-10)
Es ist Nacht / Paulus sieht und hört etwas ... ein Traum? Wirklichkeit? / Paulus sieht Wasser, ein Meer ... ganz in der Ferne ein Ufer / Dort steht einer / Ruft: Komm, hilf uns! / Paulus weiß: Das Land, von dem aus dieser Mann ruft, ist Griechenland (Mazedonien) / Er und seine Männer erkennen: Gott will, daß wir auch in Europa von ihm erzählen /

Schon am anderen Morgen buchen sie ihre Plätze zur Überfahrt auf einem der Schiffe, die im Hafen liegen.

Wir lernen den Merkvers

a) Wir sprechen zuerst über die Worte: Bitte hilf mir!
Wann sprechen wir sie aus? (Wenn wir etwas nicht selbst tun können.)
Wen bitten wir? (Den, der uns helfen kann!)
Wir können die Kinder auch bitten, sich zu diesem Thema eine Szene auszudenken und der Gruppe vorzuspielen.

b) Wir schreiben den kurzen Spruch an die Tafel, die Kinder schauen dabei zu.
Dann erarbeiten wir gemeinsam:

Wer bittet? Ein Fremder, ein Europäer, für die Missionare ein Ausländer.

Wen bittet er? Paulus, einen ihm fremden Mann mit einer fremden Botschaft.

Um was bittet er? Das wird in unserem Text nicht ausdrücklich gesagt. Aber er bittet um etwas, was nur Paulus und seine Mitarbeiter ihm bringen können: Die gute Nachricht von Jesus Christus.
So kommt das Evangelium nach Europa, in den Erdteil, in dem auch wir zu Hause sind.

Vertiefung

Figuren für Silas, Timotheus und Lukas.

Eigene Gedanken zur Lektion

25 Nach Europa – in Philippi

Text

Apg. 16,11-15: Die Bekehrung der Lydia

Lernvers

Die ihn aber aufnahmen und an ihn glaubten, denen gab er das Recht, Kinder Gottes zu sein. Joh. 1,12

Hinweise zum Text

Vers 12:   Philippi besitzt römische Stadtrechte („römische Kolonie") mit zahlreichen Vorzügen. Die Bewohner sind stolz auf ihr Bürgerrecht (V. 21). Darum ist auch die römische Staatsbürgerschaft, die Paulus und Silas besitzen, hier von besonderer Bedeutung.

Vers 13:   Es leben wohl nur wenige Juden in Philippi. Deshalb gibt es keine Synagoge. Da im alttestamentlichen Gottesdienst Wasser gebraucht wird (zur kultischen Reinigung), ist die Vermutung der Missionare, am Fluß könnte ein Gottesdienst stattfinden, verständlich.

Vers 14:   Es lohnt sich, in Philippi ein Geschäft zu besitzen. Das weiß auch Lydia, die aus Thyatira in Kleinasien stammt und hier mit teuren, gefärbten Stoffen handelt.

    „Purpur" ist ein violetter, bzw. roter Farbstoff, der aus den Drüsen der Purpurschnecke gewonnen wird.

    Lydia ist eine sehr tüchtige Frau und hat es in ihrem Beruf weit gebracht. Wer sich „Purpur" leisten kann, hat Geld. Und auch Lydia hat Geld und Ansehen. Sie besitzt ein eigenes Haus, groß genug, um Paulus und seine Mitarbeiter als Gäste unterzubringen. Aber Geld und Geschäft reichen ihr nicht aus. Sie sucht einen anderen, einen tieferen Sinn für ihr Leben. So nimmt sie am jüdischen Gottesdienst teil und ist nicht zu stolz, mit den wenigen Frauen den Sabbat zu feiern.

Vers 15:   Lydia wird gläubig an den Herrn Jesus Christus. Nichts hält sie zurück, das offen zu bekennen, indem sie den Missionaren ihr Haus zur Verfügung stellt. Paulus und seine Mitarbeiter zögern, diese Einladung anzunehmen. Doch Lydia zeigt ihre ganze Entschlossenheit. Sie „nötigt" die Männer; sie wird energisch. V. 15 könnte man auch so verstehen: Wenn ihr meine Einladung nicht annehmt, muß ich annehmen, ihr zweifelt daran, daß ich wirklich gläubig geworden bin.

Gliederung und Erzählhilfen

Wir malen gemeinsam ein Segelschiff an die Tafel. Jedes Kind darf einen Teil dazu beisteuern: den Rumpf, den Mast, die Segel, die Taue, einen Anker ...
Mit einem Segelboot auf einer Talsperre oder einem kleinen See ... Wäre das nicht fein?

1. Paulus, Lukas, Timotheus und Silas sind als Passagiere zwei Tage lang auf einem Segelschiff (V. 11)
   Wieder auf dem Meer / Trotz Gefahr, seekrank zu werden, hat ihnen die Reise sicher gefallen / Aber sie machen die Fahrt von der heutigen Türkei bis nach Griechenland nicht zu ihrem Vergnügen / Sie haben ein Ziel vor Augen / Welches? (Vgl. Schluß der Lektion 24.)

2. Und weiter geht's – zu Fuß (V. 12)
   Das ist nicht mehr so angenehm / Strahlender Sonnenschein auf einem Schiff ist herrlich, dieselbe Sonne beim Wandern, das ist weniger gemütlich / Aber die Männer erreichen ihr Ziel: Philippi / Eine wichtige Stadt in der damaligen Zeit (vgl. „Hinweise zum Text") / Zuerst schauen sich die vier Missionare die Stadt an / Nahezu alles ist zu finden, aber kein Gotteshaus, keine Synagoge.

3. Das erste Wochenende in Philippi (V. 13)
   Was nun? Ein Feiertag ohne Gottesdienst? Unmöglich für die Missionare / „Wir gehen am besten zum Fluß. Wenn es hier überhaupt Juden gibt, werden sie sich zum Gottesdienst bestimmt dort treffen." „Du hast recht. Denn für die Reinigungsvorschriften, die zum Gottesdienst gehören, brauchen die Juden ja Wasser." / Philippi ist groß. Aber die Männer finden, was sie suchen.

4. Ein besonders schöner Gottesdienst
   Weil er im Freien stattfindet? / Weil alle so schön angezogen sind? (Lydia z.B. verstand bestimmt etwas von schönen Kleidern) / Weil das Wetter

so wunderschön ist? / Weil Besuch da ist? („Endlich ein paar Neue!") / Weil ...?

Zuerst sind Paulus und seine Begleiter etwas überrascht; denn außer ihnen sind nur Frauen gekommen / Und ein Gottesdienst nur für Frauen – das gibt es bei den Juden eigentlich nicht / Aber Paulus denkt anders / In dieser kleinen Runde unterhält man sich zuerst einmal ganz zwanglos / Dann erzählt Paulus von Jesus / Die Frauen hören zu. Sie haben Zeit; es ist ja Feiertag / Sie wollen immer mehr hören / Das macht den Gottesdienst richtig schön.

5. Das schönste Erlebnis für Lydia (V. 14–15)
   Sie hört zu / Nicht nur mit den Ohren, sondern mit dem „Herzen" / Sie erkennt, daß Jesus der Heiland aller Menschen ist und auch ihr eigener Retter / Lydia ist glücklich / Bald darauf läßt sie sich taufen / „Jetzt gehöre ich zu Jesus – genau wie ihr. Ab heute seid ihr meine Gäste. Mein Haus steht euch zur Verfügung."

Wir lernen den Merkvers

Wir schreiben den Spruch auf DIN A 4-Blätter:

Die Kinder ordnen die Blätter in die richtige Reihenfolge. Beim mehrmaligen gemeinsamen Lesen wird ein Blatt nach dem anderen weggenommen.

Vertiefung

Eine Frauenfigur mit schönem (roten) Kleid und der Name „Lydia".

Eigene Gedanken zur Lektion

26 Was in Philippi sonst noch geschieht

Text

Apg. 16,16-40: Paulus und Silas im Gefängnis

Lernvers

Glaube an den Herrn Jesus, dann wirst du gerettet! Apg. 16,31

Hinweise zum Text

Vers 16-17:
Die Frau sagt die Wahrheit, aber sie hat ihr Wissen nicht von Gott, sondern vom Teufel. Er hat Besitz von ihr ergriffen und benutzt sie als Werkzeug. Paulus tut es weh, daß sich diese Frau in der Gewalt dunkler Mächte befindet. Die Bindungen an den Teufel werden oft verharmlost. Manches klingt nach Wahrheit oder ist religiös gefärbt (vgl. auch Lukas 4,1-13).

Vers 18-24:
Paulus will nicht, daß der Name Gottes durch finstere Mächte ge- oder besser: mißbraucht wird. Darum gebietet er dem bösen Geist schließlich in der Macht und Kraft Jesu, die Frau zu verlassen. Doch das bedeutet für ihre Herren einen großen finanziellen Verlust. Deshalb schrecken sie nicht davor zurück, eine Hetzkampagne gegen Paulus und Silas zu starten. Ohne Gerichtsverhandlung werden beide mit Stöcken (Ruten) geschlagen und blutüberströmt ins Gefängnis geworfen. Ihre Füße werden in einen Stock gelegt.

Vers 25:
Das nächste, was Paulus und Silas tun, ist nicht zu schimpfen oder zu jammern, sondern zu beten und zu loben. Sie reden nicht über Menschen, sie reden mit Gott.

Vers 37:
Paulus ist kein Feigling. Er hat oft genug um Jesu willen gelitten. Aber das heißt für ihn noch lange nicht, unwidersprochen hinzunehmen, wenn Recht und Gesetz einfach übertreten werden. Es geht auch um die Zukunft der kleinen Christengemeinde. Paulus und Silas besitzen römisches Bürgerrecht. Und das verbietet eine solche Behandlung.

Die Verantwortlichen bekommen es mit der Angst zu tun und werden sehr höflich.

Gliederung und Erzählhilfen

Der Gefängnisaufseher erzählt:

1. In Philippi ist eigentlich immer viel los. Aber manchmal gibt es besonders ereignisreiche Tage. Fremde waren in unserer Stadt. Sie sprachen von Gott, der Himmel und Erde gemacht hat, erzählten von Jesus, seinem einzigen Sohn. – Eine der bekanntesten Geschäftsfrauen, die Stoffhändlerin Lydia, schloß sich ihnen an. Überall sprach man von den Männern und ihrer neuen Lehre.

2. Eine Sklavin, die als Wahrsagerin arbeitete, forderte die Männer heraus. Was sie sagte, stimmte; doch was sie hinter den Männern herschrie, wußte sie nicht von Gott, sondern von dem Dämon, der sie beherrschte. – Paulus befahl diesem bösen Geist, die Frau in Ruhe zu lassen, ja sie ganz zu verlassen. Das geschah sofort! Die Frau war frei.

3. Ihre Herren waren wütend. Nicht nur auf die Frau – auch auf Paulus und seine Leute. Ihre schöne Einnahmequelle war versiegt. Es gab einen öffentlichen Schauprozeß auf dem Marktplatz – dem wütenden Volk reichte es nicht, daß Paulus und Silas blutiggeschlagen wurden – man warf sie auch noch ins Gefängnis.

4. Ich bekam einen Sonderbefehl: Besonders strenge Bewachung. – Sie bekamen das dunkelste Verließ, ihre Füße ließ ich in den Stock legen. Beeindruckend, wie die beiden alles ertrugen.
   Feierabend für mich ... Aber nicht lange. – „Die Fremden singen!" hörte ich auf einmal jemand rufen. – Es war fast Mitternacht. Doch da! Alles wackelte, sogar die Gefängnismauern – Türen sprangen auf, die Fesseln der Gefangenen lösten sich. Ein Erdbeben! Lebensgefährlich für mich ... Wenn ein Gefangener fehlt, muß ich dafür büßen ... Dann lieber gleich Schluß machen. – Mein Schwert hatte ich schon in der Hand, da riefen diese Fremden: „Halt! Nein! Tu es nicht ... Wir sind alle noch hier!"

5. Ich zitterte, so groß war der Schreck. – Ein Knecht brachte mir ein Licht – ich hastete in die Zelle. – Wirklich: Niemand fehlte! Dabei wäre es doch so leicht gewesen, zu fliehen ...
   Die Männer überzeugten mich durch das, was sie taten und sagten ... Keine Minute länger Kerkerhaft für sie, selbst wenn es mich Kopf und Kragen kostete ...
   Zuerst wollte ich aber noch mehr von ihnen wissen: „Bitte, sagt mir, was ich tun muß, damit ich gerettet werde ..."
   „Glaube!" sagte Paulus. „Glaube an Jesus, dann wirst du gerettet ..."

Glauben – das war's … In meinem Herzen glaubte ich dem, was die Missionare aus Gottes Wort erzählten – alle im Haus hörten zu.

6. Und die Männer hatte man wegen dieser frohen und guten Botschaft blutiggeschlagen … Ich konnte es nicht mehr ändern, aber es tat mir leid … Ich wusch ihnen die brennenden Wunden, die längst voller Schmutz waren … sie bekamen zu Essen und ein Bett in meinem Haus. Sie waren nun meine Gäste, mehr noch: durch Jesus meine Brüder.

7. Den Rest der Geschichte in eigenen Worten erzählen.

Wir lernen den Merkvers

Tafelbild:

Vertiefung

Rute / Gefängnis / Stock / Waschschüssel.

Eigene Gedanken zur Lektion

_____

_____

27 Gute Freunde helfen weiter

Text

Apg. 17,1-15: Paulus und Silas in Thessalonich und Beröa

Lernvers

Was ihr für einen meiner geringsten Brüder getan habt, das habt ihr für mich getan. Matth. 25,40

Hinweise zum Text

Vers 5:	Seit einigen Wochen sind Paulus und Silas schon in Thessalonich. Auch hier ist eine Gemeinde entstanden. Paulus schreibt an sie später zwei seiner Briefe.
	Leiden um Jesu willen ist auch an diesem Ort unumgänglich. Aber hier stehen Männer, die Jesus lieben, für Paulus und Silas ein.
Vers 6:	Von Jason, der für die Missionare Bürgschaft leistet, wissen wir nicht viel. Er ist offenbar ein angesehener und wohlhabender Bürger der Stadt. Sein Wort hat Gewicht; man glaubt ihm (V. 9).
Vers 7:	Eine ähnliche Beschuldigung wurde schon gegen Jesus vorgebracht: „Diese sagen, ein anderer sei König, nämlich Jesus" (vgl. Joh. 18,33f.). Damit soll der Eindruck erweckt werden, die Apostel stellten sich gegen den Kaiser in Rom.
Vers 10-12:	Paulus und Silas verlassen bei Nacht Thessalonich und kommen nach Beröa, 80 km weiter südlich und ein wenig abseits gelegen. Hier würden Verfolger sie bestimmt nicht so schnell finden. Aber Paulus und Silas sind nicht in falscher Weise „vorsichtig". Auch in Beröa sagen sie den Menschen die frohe Nachricht von Jesus Christus. Und die Leute hier hören ihnen gern zu. Sie machen es sich sogar selbst zur Auflage, in der Bibel nachzulesen, ob alles wirklich so stimmt.
Vers 13-15:	Daß nun auch hier eine Gemeinde entsteht, bleibt nicht verborgen. Und wieder setzt Verfolgung ein. Paulus, der am

meisten gefährdet ist, reist allein weiter, ohne Silas und Timotheus. Einige Brüder, deren Namen wir nicht kennen, begleiten ihn. Sie wählen den Seeweg, der Weg über Land ist vielleicht zu gefährlich. So kommt Paulus nach Athen.

Gliederung und Erzählhilfen

Wir lassen Jason erzählen:
Hast du dich schon einmal von der Polizei festnehmen lassen, um dadurch einen anderen zu schützen? Darf man das überhaupt?
Ich hab's getan – wie es dazu kam, will ich dir gern erzählen:

1. Wir hatten Besuch in unserem Gottesdienst / Missionare waren zu uns gekommen / Ihre Botschaft: Wir sind Juden wie ihr / Wir lesen und lieben die Heilige Schrift genau wie ihr / Wir wollen tun, was Gott von uns will, genau wie ihr / Gott hat uns aufgetragen, euch die gute Nachricht zu bringen, daß der Messias Jesus Christus gekommen ist.
   Dann hörte ich zum ersten Mal von Jesus / Was er getan hat, wie er für uns am Kreuz litt und starb, wie Gott ihn wieder vom Tod erweckte.
2. Im nächsten Gottesdienst waren die Männer wieder da / Was sie von Jesus sagten, überzeugte mich / Ich wurde Christ / Viele andere mit mir / Wir alle freuten uns schon auf den nächsten Gottesdienst / Die Lehrer in unserer Synagoge ärgerte es allerdings, daß viele nun lieber den Missionaren zuhörten.
   Ich wußte, daß Paulus und seine Leute schon oft Böses erdulden mußten – in unserer Stadt Thessalonich durfte sich das aber nicht wiederholen! Da würde ich schon aufpassen! / Damit nichts schiefgehen konnte, holte ich Paulus und seine Männer in mein Haus. Da waren sie halbwegs sicher.
3. In der 3. Woche geschah es dann trotzdem / Eine aufgebrachte Meute, von den Juden mit Geld gekauft, belagerten mein Haus und wollten Paulus mit Gewalt herausholen / Was sollte ich tun? (Kinder ihre Gedanken äußern lassen.)
   Paulus ausliefern? Niemals! Lieber ließ ich mich abführen / Andere Männer, die auch Christen geworden waren, wurden mit abgeführt / Verhör vor den Obersten der Stadt – viele falsche Anschuldigungen, auch gegen mich. Die Stadtobersten kannten mich / Nachdem ich dafür eine Garantie abgegeben hatte, daß es zu keinen weiteren Schwierigkeiten kommen würde, wurden wir entlassen / Fürs erste zumindest.
4. Wie sollte es nun weitergehen? / Besonders Paulus und Silas waren in Thessalonich nicht mehr sicher / Bei Nacht suchten wir einen Fluchtweg / Beröa, 80 km entfernt, ziemlich abseits gelegen, wäre der rich-

tige Ort / Und schon waren unsere lieben Missionare wieder auf dem Weg!

In Beröa erging es ihnen etwas besser – wir blieben mit ihnen in Verbindung.

5. In Beröa hörten die Menschen genauso gern die Gute Botschaft wie in Thessalonich / Sie forschten aber auch selbst in den Heiligen Schriften, ob das, was die Missionare sagten, wirklich stimmte / Bald stellten sie fest: Es stimmt alles / Viele Männer und Frauen wurden an Jesus gläubig, wurden Christen / Das erfuhren die Gegner in Thessalonich / Sie verfolgten Paulus und Silas bis nach Beröa und hetzten auch dort die Menschen gegen die Missionare auf / Am gefährlichsten war es für Paulus / Wir beschlossen, daß er weiterziehen sollte / Einige Männer begleiteten ihn bis nach Athen / Ob Paulus dort in Sicherheit ist?

Wir lernen den Merkvers

Auch heute schreiben wir den Spruch als Lückentext auf:

Was ihr für e . . . . m . . . . .
geringsten B . . . . . getan
habt, das habt ihr für
. . . . getan.
                    Matthäus 25, 40

Was ihr für *einen meiner*.
geringsten **Brüder** getan
habt, das habt ihr für
mich getan.
                    Matthäus 25, 40

Vertiefung

Haus des Jason,
Menschenmenge davor.

Eigene Gedanken zur Lektion

28 Es gibt nur einen Gott

Text

Apg. 17,16-34: Paulus in Athen

Lernvers

Ich bin der Erste, und ich bin der Letzte, und außer mir ist kein Gott. Jes. 44,6

Hinweise zum Text

Vers 16: Athen, die weltberühmte Stadt der damaligen Zeit, liegt im Süden Griechenlands. Es war die Stadt der Philosophen, der Künstler und Naturwissenschaftler. Viele Nationen trafen sich hier. Die vielen Götzenbilder erinnerten mit daran.
Paulus kann das kaum ertragen, er „ergrimmte" (vgl. Joh. 11,33.38). Bruns übersetzt: „Er wurde innerlich sehr erregt"; Hoffnung für alle: „Er wurde zornig."
„Was Paulus in Athen sieht, erfüllt sein Herz mit Kummer und Zorn. Er kann die vielen Tempel und Götterstatuen nicht ... in verständnisvollem Kunstgenuß betrachten. Er sieht als der, der den heiligen und lebendigen Gott kennt, hier die ganze Verwirrung der Menschheit ... Er bringt seine Tage nicht mit müßigem Warten und innerer Entrüstung zu. Er sucht die Menschen und das Gespräch mit ihnen ... Bei diesen Gesprächen trifft er bald auf Philosophen. Philosophie = Liebe zur Weisheit, ist an und für sich eine große Sache ... gefährlich aber wird jede Philosophie und Weltanschauung, wenn sie dem Menschen ein Gehäuse für seine angstvolle und hochmütige Ich-Sicherung verschafft, in der er sich den beängstigenden Fragen seiner Existenz gerade entzieht ... Philosophen kennen nur den von Gott gelösten, auf sich selbst gestellten Menschen, der seine eigentliche Wahrheit niemals finden kann ..." (Wuppertaler Studienbibel, Apg., S. 312).

Vers 17-18:	Die Epikureer sind die materialistisch denkenden Philosophen, die dem Leben möglichst viel Genuß abgewinnen wollten, sich dabei von jeder Furcht vor Göttern und Dämonen befreien wollen. Die Stoiker sind die aufklärerischen Denker jener Zeit. Ihr großes Ziel ist die Selbstbeherrschung, die nur mit großer Ausdauer erreicht werden kann. Daß Paulus täglich auf dem Marktplatz spricht, ist in Athen nicht ungewöhnlich. Ungewöhnlich für die Zuhörer in Athen ist seine Botschaft, denn er spricht von Jesus und seiner Auferstehung. Das steht im völligen Gegensatz zu den Lehren der damaligen Philosophen.
Vers 19:	Auf dem Areopag tagt der Gerichtshof der Stadt, der auch die öffentlich gehaltenen Reden zu überwachen hat. Die Rede, die Paulus auf dem Areopag (als Ort) und vor dem Areopag (als Gerichtshof) hält, zeigt seine Kenntnis in den Fragen der damaligen Zeit. In V. 28 z.B. zitiert er den Dichter Aratos. Bisher predigte Paulus fast ausschließlich zu Heiden, die der jüdischen Synagogengemeinde nahestanden. Hier auf dem Areopag hat Paulus rein heidnische Hörer. Der Gottesbegriff, wie man ihn aus dem Judentum kennt, ist diesen Zuhörern völlig fremd.

Gliederung und Erzählhilfen

Wir schreiben an die Tafel:
freundlich – geduldig – höflich – mutig – böse – ängstlich – trotzig – fleißig – gewissenhaft – zornig.
Welche Eigenschaften passen zu Paulus?
(Eigenschaften, die nach der Meinung der Kinder nicht zu ihm passen, lassen wir durchstreichen.)

1. Paulus konnte auch zornig werden ... (V. 16)
   Er regte sich über etwas auf; es ärgerte ihn, daß es so etwas gab / Er lief durch die Straßen der Weltstadt Athen – immer wieder das gleiche ... / In Athen gab es viele Schulen und Universitäten, viele Studenten, Lehrer und Professoren ... War ihnen noch nie aufgefallen, was Paulus hier so schockierte? Wenn Paulus sie daraufhin ansprach, schauten sie ihn verwundert an. Athen war so groß, so gebildet, so fortschrittlich – war es da nicht gleichgültig, was einzelne glaubten und zu welchen Gottheiten sie beteten?
   Es gibt nicht viele Götter, sondern nur einen Gott! / Daß so viele Göt-

ter in Athen verehrt und angebetet wurden, machte Paulus traurig, ja wütend / An jeder Straßenecke ein Altar – mit einem Stier oder einem Löwen, mit einem Baum oder mit der Sonne darauf, mit menschen-ähnlichen Figuren oder mit Fratzen und Masken / Die vielen verschie-denen Altäre waren nicht alle zu beschreiben / An den Altären wurde geopfert und gebetet / Das alles schnitt Paulus tief ins Herz.

2. Einer der Altäre fiel Paulus besonders auf (V. 23)
   War es ein Altar, der Gott, dem einzigen, wirklichen Gott und Schöpfer, geweiht war? / Leider nicht / Vielleicht war es ein „Angst-Altar", den Menschen aufgestellt hatten aus Angst, ja keine der vielen möglichen Gottheiten zu übersehen? / „Dem unbekannten Gott" stand darauf. Nur die Worte, kein Bild, keine Figur, nichts / Von diesem Gott, dem einzig wahren, werde ich erzählen!
   Paulus hatte nur ein Ziel: den einen Gott bekanntzumachen / Straßen-versammlungen, Reden auf dem Marktplatz, Vorträge in den Synago-gen / Jede nur erdenkliche Möglichkeit nutzte Paulus aus / „Dummer Schwätzer!" riefen einige ... „Oh, etwas Neues!" sagten andere. Doch bald wurde überall in Athen von dem fremden Mann gesprochen, der so überzeugt von seinem Gott sprach.

3. Einladung, auf dem Areopag öffentlich zu reden (V. 19-31)
   In Athen wollte man über alles Bescheid wissen / Paulus: Ich spreche von dem Gott, den ihr verehrt, ohne ihn zu kennen! / Er ist nahe bei uns, aber Standbilder und Altäre braucht er nicht / Er will in uns sein und wohnen / Das ist nur möglich, wenn wir Jesus kennenlernen, der als Sohn Gottes zu uns kam und für uns starb, den Gott aber vom Tod auferweckte.

4. Zuhören und Nachdenken – oder Zuhören und Spotten? (V. 32-33)
   Beide Reaktionen erlebte Paulus / Paulus gewann neue Freunde, die – wie er – an Jesus glaubten.

Wir lernen den Merkvers

Die Punkte werden durch Buchstaben ersetzt, die die Kinder bestimmen.

I _ _   A _ _ _ _ _   I _ _
B _ _   M _ _   B _ _
D _ _   I _ _   D _ _
ERSTE   KEIN GOTT.   LETZTE
U _ _   U _ _
          JESAJA 44,6

ICH   AUSSER   ICH
BIN   MIR   BIN
DER   IST   DER
ERSTE KEIN GOTT. LETZTE
UND   UND
        JESAJA 44,6

Vertiefung

Ein Bild vom Areopag in Athen.

Eigene Gedanken zur Lektion

29 „Sei mutig, Paulus!"

Text

Apg. 18,1-18: In Korinth

Lernvers

Habe keine Angst! Predige weiter und schweige nicht! Apg. 18,9

Hinweise zum Text

Vers 2-3:   Es ist eine mutmachende Führung Jesu, daß Paulus gleich zum Anfang in Korinth das Ehepaar Aquila und Priszilla (Prisca) kennenlernt.

Aquila ist Jude und kommt aus Kleinasien. Er ist wie Paulus Zeltmacher (Teppichmacher) von Beruf. Wie und wann Aquila und seine Frau Christen geworden sind, wissen wir nicht. Bevor sie nach Korinth kamen, wohnten sie in Rom. Unter der Herrschaft von Claudius wurden Juden aus Rom vertrieben. Der Geschichtsschreiber Sueton berichtet darüber: „Die Juden vertrieb Claudius aus Rom, weil sie auf Betreiben eines gewissen Crestus ständig Tumulte machten." Möglicherweise sind Aquila und Priszilla schon in Rom Christen geworden und mußten deshalb fliehen.

Paulus gewinnt in ihnen treue und zuverlässige Mitarbeiter. Als Paulus von Korinth weiter nach Ephesus reist, begleiten sie ihn. Hier lernen sie den jungen Apollos kennen, den sie bei sich aufnehmen und unterrichten. In ihrem Haus versammelt sich die Gemeinde. In Römer 16,3-5 erfahren wir, daß sie einmal ihr Leben für Paulus eingesetzt haben, wieder nach Rom gezogen sind und, wie könnte es anders sein, auch dort ihr Haus für die Gemeinde öffneten.

Vers 4-7:   Zunächst lassen sich einige Juden in Korinth von Paulus überzeugen. Doch dann erhebt sich auch hier massiver Widerstand. Paulus handelt nun nach dem Wort Jesu in Matth. 10,14.

Der neue Versammlungsort für die Christen liegt direkt neben der Synagoge. Niemals vorher ist Paulus so lange an einem Ort geblieben wie hier in Korinth (V. 11).

Vers 12-18: Gallio war in den Jahren 51/52 n.Chr. Statthalter in Korinth. Er war ein gerecht denkender Mann und ist selbst später dem blutigen Regiment Kaiser Neros zum Opfer gefallen. Als Sinnbild der römischen Macht kann man bis heute den Richtstuhl auf dem Marktplatz in Alt-Korinth sehen.

Gallio durchschaut die Anklage der Juden. Ihn kümmert der religiöse Streit nicht. Er greift auch nicht ein, als nun der Vorsteher der Synagoge verprügelt wird.

Gliederung und Erzählhilfen

1. Gott macht Paulus ein großes Versprechen (V. 9-10)
   Leicht ist es nicht, von Ort zu Ort, von Stadt zu Stadt zu ziehen / Leicht ist es nicht, immer wieder neu Menschen anzusprechen, Quartier zu suchen, sich in fremder Umgebung zurechtzufinden / Leicht ist es auch nicht, immer wieder neu erleben zu müssen, daß Menschen zwar zuhören – aber doch nicht an Jesus glauben wollen / Gott ermutigt seinen Diener.

2. Paulus findet Freunde: Aquila und Priszilla (V. 1-4)
   Beide sind Christen, die sich für ihren Herrn einsetzen / Auch sie sind noch nicht lange in Korinth, doch sie haben schon ein Haus und sogar einen Handwerksbetrieb / Paulus und Aquila haben den gleichen Beruf: Zeltmacher / Zusammen besuchen sie die Gottesdienste in der Synagoge / Paulus darf – wie jeder Jude – dort das Wort auslegen.

3. Spott bringt Paulus zum Schweigen (V. 5-6)
   In der Synagoge will man zwar Gottesdienst halten, aber von Jesus nichts wissen / Da macht Paulus nicht mehr mit: „Ihr lehnt Jesus und seine frohe Nachricht ab? Von jetzt an werde ich sie den Menschen bringen, die nicht zum Volk der Juden gehören."

4. Die Gute Nachricht öffnet viele Herzen – auch bei denen, die vorher nicht wollten (V. 7-11)
   Gottesdienste der Christen sind nun im Haus von Titus Justus / Krispus und seine Familie werden an Jesus gläubig / Kurze Zeit später lassen sie sich mit anderen Christen zusammen öffentlich taufen / Eineinhalb Jahre lang predigt und arbeitet Paulus in Korinth.

5. Anklage gegen Paulus (V. 12-16)
   Gallio wird Gouverneur (Landrat); er hat einen klaren Blick für Dinge, die es zu entscheiden gibt / Gegner verklagen und beschuldigen Paulus, aber bei Gallio haben sie keinen Erfolg.
   Paulus ist kein Verbrecher – er hat auch nichts Böses getan. Er mißachtet auch nicht das Gesetz / Um eure religiösen Streitfragen müßt ihr euch schon selbst kümmern. Dafür bin ich nicht hier eingesetzt / Gallio weist die Ankläger sogar aus dem Gerichtssaal! Sie werden nun ihrerseits von aufgebrachten Zuhörern verprügelt / Gallio greift nicht ein.

6. Wie mutmachend ist gerade in diesen Auseinandersetzungen die Zusage Gottes für Paulus: „Hab keine Angst! Predige weiter! Schweige nicht! Ich bin bei dir! Keiner darf es wagen, dir Schaden zuzufügen!"

Wir lernen den Merkvers

Wir schreiben den Spruch mit bunter Kreide an die Tafel. Die Kinder bestimmen die Farben, die weggewischt werden.

Vertiefung

Eigene Gedanken zur Lektion

30 Die dritte Missionsreise beginnt

Text

Apg. 18,19-23; 19,1.8-20: In Ephesus

Lernvers

Wie Lektion 29 oder:
Wer Sünde tut, der ist ein Sklave der Sünde. Wenn der Sohn euch befreit, dann seid ihr erst wirklich freie Leute. Joh. 8,34-35

Hinweise zum Text

Vers 22: Es sind weite Strecken, die Paulus zurücklegt. Nach Cäsarea sind es mehr als 1000 km Seeweg; von Cäsarea über Jerusalem nach Antiochia etwa 600 km Landweg.
Doch Paulus zieht es bald wieder hinaus – zu den jungen Gemeinden und zu denen, die von Jesus noch nie etwas gehört haben. So geht er auf seine dritte Reise.

Kap. 19,1-7: Wie geplant (Kap. 18,21) kommt er auch wieder nach Ephesus, der damals wohl bedeutendsten Stadt in Kleinasien und mit 400 000 Einwohnern die viertgrößte Stadt im Römerreich.

Vers 8: Nach drei Monaten freier Verkündigungsmöglichkeit in der Synagoge stößt Paulus auf wachsenden Widerstand. Es kommt zum Bruch. In einem öffentlichen Raum verkündigt Paulus nun täglich die Gute Nachricht von Jesus – nicht nur am Sabbat. Wie viele Menschen aus aller Welt damals erreicht worden sind, können wir kaum ahnen.

Vers 11-12: Paulus erfährt, wie sich das Wort Jesu erfüllt (vgl. Joh. 14,12). Welche Kleidungsstücke gemeint sind, läßt sich nicht mit Sicherheit sagen. Aber wenn Lukas, der Arzt, dieses Geschehen so eingehend berichtet, sind es eindeutig Tatbestände, wobei der Textzusammenhang (V. 13ff.) möglicherweise auf abergläubische Praktiken schließen läßt.

Vers 13-17: Geisterbeschwörer (Exorzisten) bedienen sich für ihre zwielichtigen Praktiken des Namens Jesu. Wer hier nicht mitmacht, sind die bösen Geister selbst. Sie kennen Jesus und wissen von Paulus. Aber vor irgendeinem Beschwörer fürchten sie sich keineswegs. Das läßt die Menschen in Ephesus erschrecken und zum Nachdenken kommen.

Vers 18-20: Gottes Botschaft erweist sich als lebendige Macht, die Herzen und Gewissen erreicht. Menschen, die schon Christen sind, erkennen, daß sie mit den dunklen, bösen Mächten zu leichtgläubig und leichtfertig umgegangen sind. Sie trennen sich von allem, was sie bindet; der Wert der Zauberbücher, Amulette, Anhänger und dgl., die öffentlich verbrannt werden, beträgt eine Riesensumme: 50 000 Silberstücke.

Wer sich irgendwann einmal mit Zauberbüchern, Horoskopen, Kartenlegen, Tisch- und Gläserrücken oder anderen medialen Dingen beschäftigt hat, wird erst dann von der Bindung an die damit verbundenen Mächte und Dämonen wirklich frei, wenn er so handelt wie die Menschen in Ephesus: bekennen, lossagen, verbrennen (vernichten) – und das vor Zeugen.

Gliederung und Erzählhilfen

1. Endlich zu Hause! (V. 19-22)
   Eine lange Reise auf dem Schiff (1000 km) von Ephesus nach Cäsarea / Zu Fuß geht es weiter nach Jerusalem und von dort nach Antiochia, der Gemeinde, die Paulus zu seinen Missionsreisen ausgesandt hat. (Bei Kindern, die schon mit Landkarten umgehen können, sollten wir gemeinsam die Entfernung errechnen.)

2. Doch schon wenig später beginnt Paulus seine 3. Missionsreise (V. 23)
   In den Ländern Galatien und Phrygien besucht er die Orte, die er schon kennt / Über 2000 km zurückgelegt, und nur 3 Verse im Reisetagebuch!

3. Wieder in Ephesus (Kap. 19,1.8-10)
   Paulus ist unermüdlich. In der Synagoge, dem Gotteshaus der Juden, kann er 3 Monate lang ungehindert reden / Als danach einige lachen und über die Gute Nachricht spotten, sucht sich Paulus einen anderen Ort, an dem er von Jesus erzählen kann / Zwei Jahre lang verkündet er täglich das Evangelium. Da gibt es kaum noch jemand in dem ganzen Gebiet, der nichts von Jesus gehört hat.

4. Sieben Brüder wollen Paulus alles nachmachen (V. 13-17)
   Sie arbeiten als Geisterbeschwörer, doch die Geister lachen sie aus / Wer

seid ihr denn? / Ihr wollt uns etwas vorschreiben?! / Wir sind viel mächtiger als ihr alle zusammen! / Der böse Geist gibt dem von ihm beherrschten Mann so große Kraft, daß er die Brüder verprügelt und sie fliehen müssen / In ganz Ephesus spricht man darüber. Viele Epheser merken: Böse Geister wollen uns besitzen und beherrschen – der Gott, von dem Paulus spricht, will uns beschenken und froh machen.

5. Ein Feuer auf dem Marktplatz (V. 18-19)
   Schon immer waren und sind Menschen neugierig auf das, was böse Geister können / In Ephesus gab es viele und teure Bücher zu diesem Thema zu kaufen. Heute ist es nicht anders / Diese Bücher sind gefährlich! Durch sie binden wir uns an böse, dämonische Mächte. Darum weg damit! / Viele Bücher sind es, die auf dem Marktplatz öffentlich verbrannt werden / Christen berichten, wie sie früher auch einmal glaubten und taten, was in diesen Büchern stand. Sie erzählen aber auch, wie gut Gott zu ihnen ist und sie von allem Bösen frei machte.

Wir lernen den Merkvers

Wie Lektion 29 oder:

Wer Sünde tut, ist ein Sklave der Sünde. Wenn der Sohn euch befreit, dann seid ihr erst wirklich freie Leute. Joh. 8, 34 + 36

Vertiefung

Für die „Memo-Rolle": Ein Feuer mit den Worten: Bekennen – Loslassen – Verbrennen.

Bekennen – lossagen – verbrennen

Eigene Gedanken zur Lektion

31 Aufruhr in Ephesus

Text

Apg. 19,23–41

Lernvers

Wo euer Schatz ist, da ist auch euer Herz. Matth. 6,21

Hinweise zum Text

Vers 24-27: Dem Silberschmied Demetrius geht es allein um sein Geschäft und damit verbunden um Geld. In einem Kreis von Mitarbeitern macht er seiner Empörung Luft.
Bei den Ephesern gibt er „edlere" Ziele an. Es geht ihm angeblich um das Ansehen der „großen Göttin Diana" (Artemis) und ihr Heiligtum, das zu den „sieben Weltwundern" zählt.
Demetrius hetzt das Volk auf, entfacht Haß und Leidenschaft.

Vers 29-32: Wie ein Lauffeuer verbreitet sich der Aufruf zum Aufstand in der Stadt. Die meisten, die sich dem Aufruhr anschließen und zum Theater stürmen, wissen nicht einmal, was wirklich los ist. Das Theater hatte 24 000 Sitzplätze. Man kann es mit einer unserer modernen Großsport-Anlagen vergleichen.
Paulus hat Freunde in der Stadt, die ihn hindern, sich der aufgehetzten Meute zu stellen. Es wäre lebensgefährlich gewesen.

Vers 33: Alexander ist einer der ortsansässigen Juden. Wollte er gegen Paulus und die Christen in der Stadt aussagen oder sich von ihnen distanzieren? Er wird niedergeschrien.

Vers 34: Zwei Stunden lang Sprechchöre: Groß ist die Diana der Epheser! Welch ein Tumult!

Vers 35-41: Einem hohen Beamten der Stadt, dem Kanzler, gelingt es schließlich geschickt, das Volk zu besänftigen. Er redet so, wie es das Volk hören will, aber er tritt auch für die Freunde des Paulus ein. Auf Unruhen reagierten die Römer empfindlich. Der Kanzler befürchtet unangenehme Konsequenzen. Alles in allem ein Aufruhr, der viele Menschen auf das aufmerksam werden läßt, was Paulus und seine Mitarbeiter verkündigen: Die Botschaft von Jesus.

Gliederung und Erzählhilfen

Wir erzählen aus der Sicht des Silberschmiedes Demetrius etwa wie folgt: Ich bin Demetrius / Von Beruf Silberschmied / Angesehener Geschäftsmann und bedeutender Arbeitgeber der Stadt Ephesus / Unsere Erzeugnisse sind weltbekannt / Unser Tempel zählt zu den sieben Weltwundern / Da kommt plötzlich so ein Wanderprediger und will mir mein Geschäft ruinieren / Kann man sich doch nicht gefallen lassen / Diana ist unsere Göttin, das muß so bleiben.
Bei den Kollegen fing ich an, vor diesem Paulus und seiner neuen Lehre zu warnen ... / Ich hatte Erfolg! Meine Leute stehen alle hinter mir / Alle verehren Diana / Ist ja auch ein gutes und sicheres Geschäft / Lauthals haben sie es auf der Straße immer wieder geschrien! Da kann ich ja nun beruhigt sein.

Beruhigt?? Ja, was ist denn das? / Wo kommen denn all die Menschen her? / Aus allen Richtungen, aus allen Häusern ... / Wer ist denn das da ganz vorne? Das sind doch zwei von den Helfern dieses Wanderpredigers ... / Was haben die Leute vor? / Sie ziehen alle zum Theater – da muß ich jetzt auch ganz schnell hin / Kaum ein Durchkommen auf der Straße / Da kommt ja auch Alexander, den kenne ich doch ... / Er will etwas sagen – aber gegen den Tumult anschreien, ist unmöglich.
Den Rest der Geschichte können wir nach einer gut verständlichen Übersetzung vorlesen (z.B. „Hoffnung für alle").

Wir lernen den Merkvers

Dazu brauchen wir:
a) einige Bilder aus Zeitschriften oder Katalogen mit Dingen, die Kinder gern haben (Fahrrad, Radiorecorder, Fernseher, Fußball ...),
b) ein Herz, aus einfachem Papier ausgeschnitten,
c) ein Bild, das an den Tempel der Diana erinnert.
Wir sagen den Merkvers, wiederholen ihn gemeinsam. Bei Demetrius hat

der „Tempel" das „Herz" verdeckt (wir demonstrieren das anhand der Ab-
bildungen). Wir sprechen darüber, wie wir es verhindern können, daß die
Dinge, an denen unser Herz hängt, unser Leben bestimmen.

Vertiefung

Eigene Gedanken zur Lektion

32 Paulus nimmt Abschied

Text

Apg. 20,7-12 (Teil I)
Apg. 20,18-35 (Teil II)

Lernvers

Geben ist seliger als Nehmen. Apg. 20,35

Hinweise zum Text

Lukas berichtet von der dritten Missionsreise knapp und gedrängt. Auf
dieser Reise hat Paulus einige seiner Briefe geschrieben, die uns erhalten
geblieben sind. In Ephesus ist z.B. der erste Korintherbrief entstanden.
Paulus und seine Mitarbeiter legten großen Wert darauf, nicht nur Menschen zum Glauben an Jesus zu rufen, sondern sie auch auf dem Weg mit
Jesus zu ermutigen und zu festigen.

Vers 7:	Die Christen treffen sich am „ersten Tag der Woche", also nicht mehr am Sabbat, sondern am Sonntag. Es ist der Tag, an dem Jesus von den Toten auferstand (Luk. 24,1). Das Abendmahl („Brotbrechen") ist fester Bestandteil des ur-christlichen Gottesdienstes.
Vers 18:	„Asien" = nicht der uns bekannte Erdteil, sondern eine rö-mische Provinz in der heutigen Türkei.
Vers 28:	„Bischöfe" (Aufseher) = zur Zeit des Paulus noch kein über-gemeindliches kirchliches Amt. Gemeint sind die örtlichen Gemeindeleiter („Älteste", V. 17).
Vers 18-35:	Wir erfahren viel über die Motivation des Paulus und die Art, wie er seinen Dienst praktisch durchführte. Was Paulus tut, tut er für Jesus, und keiner seiner Zuhörer wird ihn ein-mal anklagen können, er habe ihm nicht die volle und ganze Wahrheit gesagt.

Gliederung und Erzählhilfen

Wir teilen den Text. Teil I ist für kleinere Kinder besser geeignet; bei den Größeren können wir auf Teil II verstärkt eingehen.

Teil I: Eutychus, ein Junge aus Troas (V. 7-12)

Wir erzählen aus der Sicht des Eutychus:
Paulus war wieder zu Besuch bei uns / Alle freuten sich / Die Tage vergingen viel zu schnell / Am letzten Tag war unser Haus voller Menschen / Ich suchte mir einen guten Platz auf der Fensterbank / Viele Öllampen brannten / Paulus erzählte / Es wurde spät / Mitternacht / Müdigkeit, schlechte Luft ...
Ich mußte wohl eingeschlafen sein / Wurde im Hof wieder wach / Mein Kopf! / Paulus beugte sich über mich / Sprach mir gut zu / Bald ging es mir wieder so gut, daß ich zu den anderen gehen konnte ... / Als Paulus mit seinen Helfern weiterzog, wurde es schon hell / Ich werde nie vergessen, was Gott für mich getan hat und wie Paulus sich um mich kümmerte.

Teil II: Paulus nimmt Abschied von den Gemeindeältesten (V. 18-35)

Wenn möglich kann man den Text von einem Mitarbeiter auf Band sprechen lassen und in der Kinderstunde abspielen. Anschließend stellen wir die Fragen:
a) Wie hat Paulus seinen Lebensunterhalt verdient? (V. 33-34)
b) Wovor warnt Paulus? (V. 29-30)
c) Wozu fordert er auf? (V. 28.31.35)

„Nun bin ich lange bei euch gewesen. Ihr alle habt mich gut kennengelernt. Ihr wißt, daß ich einzig und allein für Jesus arbeiten wollte. Wie schwer das oft war, habt ihr alle miterlebt.
Ganz deutlich habe ich euch allen immer wieder gesagt, wie wichtig es ist, daß wir an Jesus glauben und unser Leben von Grund auf ändern sollen.
Nun führt mich mein Weg nach Jerusalem, und ich habe die dunkle Ahnung, daß es dort viele Schwierigkeiten geben wird. Aber mir ist die Sache Jesu wichtiger als mein Leben. Er meint es so gut mit mir; er hat mich so lieb! Sollte ich mich da vor Leiden und Gefangenschaft drücken? Niemals!
Weil ich weiß, daß wir uns heute zum letzten Mal sehen, muß ich noch einmal betonen: Ich bin nicht schuld daran, wenn einer von euch verloren geht. Ich habe euch alles, wirklich alles weitergesagt, was Jesus getan hat, um uns zu retten, und was wir selbst zu tun haben, um dieses große Geschenk zu bekommen.
Von jetzt an müßt ihr auf euch selbst achten, aber verliert auch die nicht aus den Augen, die mit euch zum Gottesdienst gehen. Wenn ich nun nicht

mehr da bin, werden Männer kommen, die euch beeinflussen wollen. Hört nicht auf sie! Seid aufmerksam, seid wach! Erinnert euch immer wieder an alles, was wir in den vergangenen drei Jahren besprochen haben. Das ist allein der richtige Weg.

Und doch – wie gut habe ich es, trotz aller Sorgen, die ich mir um euch mache! Ich kann ja immer für euch beten, und ich werde es auch immer tun. Gott hat die Macht, euren Glauben ständig wachsen zu lassen.

Nun bin ich drei Jahre bei euch gewesen. Ich bin euch nie zur Last gefallen. Was ich für mich und meine Mitarbeiter zum Leben nötig hatte, habe ich mit eigenen Händen selbst verdient. Nie habe ich auch nur einen Pfennig von euch verlangt.

Warum tat ich das? Ich möchte, daß ihr in mir ein gutes Vorbild habt. Ihr sollt wissen, daß Geben mehr Freude macht als Nehmen; ja wirklich: Geben macht mehr Freude als Nehmen. Und arme Menschen, die unsere Hilfe brauchen, gibt es viele.

Vergeßt es nicht!

Nun laßt uns niederknien und zusammen beten!"

Wir lernen den Merkvers

„Geben ist seliger als Nehmen." Wir schreiben den Spruch an die Tafel. In kleinen Gruppen versuchen wir, den Satz in eigenen Worten vielleicht noch deutlicher wiederzugeben, z.B.:

„Geben macht mehr Freude als Nehmen" – „Wer Freude erleben will, darf nicht zuerst an sich selbst denken" – „Wer andere froh macht, wird selbst auch froh".

Wir sprechen über die Ergebnisse.

Vielleicht teilen wir zum Schluß noch eine Tafel Schokolade aus.

Vertiefung

Wie „Merkvers".

Eigene Gedanken zur Lektion

33 Für Paulus wird's gefährlich

Text

Apg. 21,1.10–15.21b–40;
Apg. 22,1–30

Lernvers

Ich bin nicht nur bereit, mich in Jerusalem fesseln und ins Gefängnis werfen zu lassen, ich bin auch bereit, für Jesus zu sterben. Apg. 21,13

Hinweise zum Text

Vers 20–21:   Unter den Judenchristen in Jerusalem sind Stimmen lautgeworden, Paulus hielte es mit dem Gesetz des AT nicht genau,
ja er würde lehren, es ganz aufzugeben.

Vers 23:   Das Gelübde, das Paulus auf sich nimmt, zeigt, daß die Vorwürfe nicht stimmen.

Vers 28:   Den äußeren Vorhof des Tempels konnte jeder betreten, aber
die Innenhöfe waren den Ausländern verboten. Bei den Anschuldigungen gegen Paulus blieb man nicht bei den Tatsachen.

Vers 38:   Der „Ägypter" war der Anführer der Skiarier, der „Dolchmänner", die als Terroristen gegen die Römer kämpften.

Kap. 22,25:   Römische Bürger hatten Rechte, die nicht einfach beiseitegeschoben werden durften. So hatte Paulus als römischer
Bürger ein Recht auf einen fairen Prozeß. Römische Bürger
durften z.B. nicht gegeißelt werden.

Anmerkung: Diese Lektion ist so umfangreich, daß jeder
Mitarbeiter seine eigene Textauswahl treffen muß.
Siehe Vorschlag für Gliederung.

Vorschlag einer Gliederung

1. Per Schiff und zu Fuß zurück nach Jerusalem
2. Ganz Jerusalem ist gegen Paulus
3. Die römische Besatzungsmacht muß eingreifen

4. Paulus wird gefesselt und abgeführt
5. Paulus: „Laß mich zu den Leuten reden!"
6. Paulus wird niedergeschrien
7. Recht muß Recht bleiben!
8. Zur Gerichtsverhandlung eingeladen

Wir lernen den Merkvers

Paulus hat's gewußt! Was?
Wir lesen, was er kurz vorher noch zu seinen Freunden gesagt hat. Wir schreiben dazu den Spruch an die Tafel, lesen ihn wiederholt und löschen dabei jeweils einzelne Wörter, bis der Vers nur noch im Gedächtnis steht.

Den Spruch für jedes Kind als „Fessel" vorbereitet. Mit Tesafilm hinterklebt, reißen die Streifen nicht so leicht.

Vertiefung

Paulus weiß sich ganz in Gottes Hand.

Eigene Gedanken zur Lektion

_____

_____

34 Wer mit Gott lebt, kennt auch Schwierigkeiten

Text

Apg. 23,1–35: Paulus vor Gericht; Mordanschlag

Lernvers

Vergiß nicht: Jeder, der an Jesus Christus glaubt und so leben will, wie es Gott gefällt, muß mit Verfolgung rechnen. 2. Tim. 3,12

Hinweise zum Text

Vers 1:   Paulus nennt seine Verkläger „Brüder", denn sie sind wie er Juden. Trotzdem wird er geschlagen.

Vers 2-4:   Offensichtlich hat Paulus den Hohenpriester Hananias nicht erkannt, vielleicht weil dieser nicht seine Amtstracht trug. Vielleicht hat Paulus ihn auch nicht erkennen wollen. Paulus entschuldigt sich und zeigt damit noch einmal seine Gesetzestreue, denn er zitiert das AT.

Vers 6:   Pharisäer und Sadduzäer waren gegnerische Parteien. Zwar konnten und wollten auch die Pharisäer nicht zugestehen, daß Jesus der Messias ist, aber an eine Auferstehung glaubten sie – im Gegensatz zu den Sadduzäern. So kommt es zu einer hitzigen Debatte zwischen den beiden Gruppen, die schließlich so heftig wird, daß ein gefährlicher Tumult entsteht.

Vers 12-22: Der Haß gegen Paulus – und damit gegen Jesus – treibt einige so weit, daß sie sich selbst verfluchen (so wörtlich statt verschwören) für den Fall, daß sie Paulus nicht im Laufe des nächsten Tages beseitigen.
            Ein Neffe des Paulus beweist Mut! Er scheut nicht den Weg ins Gefängnis; er scheut sich auch nicht, mit dem obersten Kommandanten zu reden.

Vers 31:   Die Stadt Antipatris liegt ca. 60 km nordwestlich von Jerusalem. Von dort sind es noch ca. 40 km nach Cäsarea am Meer (es gibt auch noch ein Cäsarea-Philippi im Norden).

Vers 33-35: Der römische Gouverneur Felix entscheidet gerecht: Paulus soll erst verhört werden, wenn auch seine Ankläger aus Jerusalem eingetroffen sind.

Gliederung und Erzählhilfen

1. Vor Gericht (V. 1-11)
   Ein Schlag ins Gesicht – warum? Was war an seinen Worten falsch? / Konnte Paulus wirklich ein gutes Gewissen haben? / Paulus weist das Unrecht zurück, drückt sich aber auch nicht vor einer Entschuldigung / Er hat den Hohenpriester Hananias anscheinend nicht erkannt. Paulus ist klug, ohne Falsch (Matth. 10,16) / Er ist Pharisäer, er ist aber auch Christ / Er weiß, daß Jesus auferstanden ist, und er weiß um die Meinungsverschiedenheit unter den Männern im Hohen Gericht / Ein Tumult entsteht – Paulus wird wieder in Verwahrung genommen / Jesus selbst spricht ihm Mut zu.

2. Mordpläne und was daraus wird (V. 12-22)
   Verschwörung gegen Paulus / Früh am Morgen / Ein feierlicher, aber böser Schwur / Ein böser Plan / Ein williger Hohepriester.
   Ein mutiger junger Mann / Seinen Namen kennen wir nicht, er hat das, was mit und um seinen Onkel geschieht, genauestens verfolgt / Er will seinem Onkel helfen, scheut keine Mühe, keine Gefahr / Offiziere und Kommandanten jagen ihm keinen Schrecken ein, der ihn zum Schweigen bringen würde / Er sagt, was er weiß (auch er ist ein Zeuge!) / Erleichtert, aber unter strengstem Redeverbot verläßt der junge Mann die Festung. (Wir erfahren in der Bibel weiter nichts von ihm.)

3. Ein nächtliches Sonderkommando (V. 23-32)
   Befehl an zwei Offiziere / 470 (!) Soldaten werden mobil gemacht / Für Paulus werden Reittiere angeordnet, er braucht also nicht zu laufen / Ein Brief an den Gouverneur Felix / Abmarsch: 9 Uhr abends – 60 km Fußmarsch in der Nacht! / Antipatris liegt schon in der Ebene zum Mittelmeer hin / Die Hälfte der Truppe kann umkehren, der weitere Weg ist nicht mehr so gefährlich.

4. In Cäsarea. Meldung: Befehl ausgeführt! (V. 33-35)
   Wieder im Gefängnis – jetzt in Cäsarea / Felix weiß viel von dem Glauben der Christen (vgl. Kap. 24,22) / Er liest mit großem Interesse den Brief, den der Kommandant Claudius ihm aus Jerusalem geschrieben hat: (Brief vorlesen, Kap. 23,26-30).
   Was, wenn der Hohepriester und die anderen Ankläger aus Jerusalem kommen werden?

Wir lernen den Merkvers

Tafelbild:

Vergeßt nicht,

.... Jesus Christus ....

.... Gott ....

.... Verfolgung ....

Was haben die Worte/Namen, die hier stehen, miteinander zu tun?
Wie könnte der Text lauten, der dazugehört?
Es ist der Teil eines Briefes, den Paulus seinem jungen Mitarbeiter Timotheus schreibt.

Vertiefung

Den ergänzten Merkvers wie oben.

Eigene Gedanken zur Lektion

35 Felix weiß viel, aber ...

Text

Apg. 24,2-27

Lernvers

Wer aber weiß, was richtig ist, und tut es trotzdem nicht, der wird vor Gott schuldig. Jak. 4,17

Hinweise zum Text

Vers 1-6: Die Verkläger/Ankläger des Paulus sind gekommen, sogar der Hohepriester selbst ist dabei. Tertullus ist ihr Rechtsanwalt; er wird sie vor dem Gouverneur Felix gegen Paulus vertreten.

Ihre Anklagepunkte gegen Paulus: Aufruhr unter den Juden überall in der Welt; Führer der Sekte (Irrlehre) der „Nazarener" (damit meinen sie die Christen); Entweihung des Tempels.

Der „schmeichlerische Ton" der Rede war damals in dieser Form üblich.

Paulus geht auf alle Beschuldigungen genau ein – ohne Rechtsanwalt! – und beweist, daß sie nicht den Tatsachen entsprechen.

Vers 22-26: Felix vertagt die Verhandlung. Zwar ist er von der Unschuld des Paulus überzeugt; er hofft aber auf Bestechungsgelder (vgl. V. 17), die er aber nicht erhält.

Tage und Monate, ja 2 Jahre vergehen. Oft wird Paulus zum Gespräch gerufen – aber eine Entscheidung wird nicht gefällt.

Gliederung und Erzählhilfen

Die Erzählung wird besonders anschaulich, wenn wir versuchen, uns in die Rolle des Gouverneurs Felix zu versetzen:

1. Ein besonderer Fall, dieser Wanderprediger Paulus
   Er kann reden, kann aber auch schweigen / Setzt sich ein für seinen Glauben, aber nie mit Gewalt oder Betrug / Der Brief aus Jerusalem ist wieder einmal ein Zeugnis dafür / Ich weiß zwar schon viel, aber ich will noch mehr erfahren ...

2. Die Ankläger und ihre Anschuldigungen
   Die Ankläger, wie sie schmeicheln, wie sie heucheln ... / Paulus, wie selbstbewußt, wie gradlinig, wie offen / Nicht einmal Kerker und Ketten scheinen ihm etwas auszumachen / Dieser Paulus „gefährlich wie die Pest": Ganz schön hart, diese Anschuldigungen ... / „Aufstände" – „Anführer" – „Tempelschänder": Ob das wirklich die reine Wahrheit ist?

3. Der Angeklagte und seine Verteidigung
   „Ich will mich verantworten": Welch ein mutiges Wort! / „Prüfe alles nach!" / Hat er wirklich keine Angst davor? / Ist er seiner Sache so sicher? / Der Brief aus Jerusalem gibt ihm ja recht ... / „Für die Anklagen gegen mich fehlen alle Beweise ... Dazu bekenne ich mich: Ich diene Gott, ich glaube an Jesus und seine Auferstehung ..." / Das Aufbegehren in Jerusalem zeigt, daß hier die Ursache des Hasses liegt. Aber warum nur? / „Warum sind die Männer nicht hier, die mir im Tempel Verleumdungen anhängten!" ... Der Mann hat recht.

4. Die Verhandlung wird vertagt
   Was mache ich jetzt? Am besten, ich berate mich noch einmal mit dem Kommandanten Lysias aus Jerusalem ... Gute Idee! Also irgendwann ein neuer Termin. Ich brauche ja nichts zu überstürzen ... Paulus soll hier nicht länger den üblichen Haftbedingungen unterstellt sein, ich ordne Hafterleichterung für ihn an ...

5. Ungenutzte Möglichkeiten
   Der Wanderprediger beschäftigt mich in Gedanken mehr als ich dachte. Wie oft haben wir beide, meine Frau und ich, über ihn gesprochen / Wir wollten mehr wissen / So ließen wir ihn zu Privatgesprächen kommen. / Aber dann reichte es mir irgendwann / Was er sagte, war ja richtig, vielleicht sogar gut – aber nur für andere, nicht für uns / Eigentlich hatte ich auch ein wenig auf einen Extra-Verdienst gehofft / Gelegenheiten, mit Geld etwas zu erreichen, habe ich ihm oft gegeben / Aber er wollte offensichtlich nicht ... / Nun, dann will ich also auch nicht ...

Schluß: *Was hat Felix richtig gemacht?*
Er hat eine ordentliche Gerichtsverhandlung anberaumt / Er hat Paulus
nicht verurteilt / Er hat ihm oft zugehört.
Was hätte er unbedingt anders machen müssen?
Er hätte Paulus freilassen müssen, auch ohne Bestechungsgelder / Er hätte
zusammen mit seiner Frau der Wahrheit nicht ausweichen dürfen.
So hat Felix als Richter nicht Recht gesprochen, sondern Unrecht unter-
stützt.

Wir lernen den Merkvers

Jedes zweite Wort schreiben
wir an die Tafel:

Wer _ _ _ _ weiß, _ _ _ richtig
_ _ _ und _ _ _ es _ _ _ _ _ _ _
nicht, _ _ _ wird _ _ _ vor
_ _ _ _ schuldig .
_ _ _ _ _ _ _ 4,17

Vertiefung

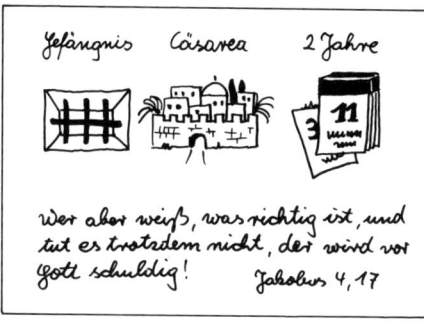

Gefängnis   Cäsarea   2 Jahre

Wer aber weiß, was richtig ist, und
tut es trotzdem nicht, der wird vor
Gott schuldig!   Jakobus 4, 17

Eigene Gedanken zur Lektion

36 Ein König will Paulus kennenlernen

Text

Apg. 25,1-27; 26,1-32: Vor Statthalter Festus und König Agrippa

Lernvers

Paulus ist mir ein auserwähltes Werkzeug, meinen Namen vor die Völker und Könige wie auch vor die Söhne Israels zu tragen. Ich will ihm auch zeigen, wieviel er für meinen Namen leiden muß. Apg. 9,15-16

Hinweise zum Text

Vers 1-10:	Festus, Nachfolger von Felix, war nur kurz im Amt. Sein Versuch, den Juden den Gefallen zu tun und den Prozeß wieder nach Jerusalem zu verlegen, führt dazu, daß Paulus sich auf den Kaiser beruft. Als römischer Bürger hat er das Recht dazu.
	Festus hat keinerlei Verbindung zum Glauben der Juden. Die Vorstellung einer Auferstehung scheint ihm völlig abwegig zu sein.
Vers 13:	Agrippa II. ist der Sohn jenes Königs Agrippa (oder Herodes), der Jakobus hinrichten ließ (Kap. 12,1). Er hat in einem kleinen Gebiet im Norden Palästinas die Königswürde. Bernice ist seine verwitwete Schwester.
Vers 18:	Guerilla-Tätigkeit, Aufstand und Gewaltverbrechen – das sind die Taten, die Festus hinter der Anklage gegen Paulus vermutet, doch da irrt er sich sehr.
Vers 19-21:	Die „Streitfragen", die die Juden vorbringen, sind ihm als Heiden völlig unverständlich. So sucht er den Rat von König Agrippa, der vielleicht nützliche Hinweise geben kann.
Kap. 26,1-32:	Für Paulus geht die Dienstanweisung, die Gott ihm durch Hananias hat sagen lassen, nun in Erfüllung (Apg. 9,15-16; Lernvers). Sein Zeugnis vor dem König stimmt in den wesentlichen Punkten mit den Berichten in Kap. 9,1ff. und 22,3ff. überein.

Gliederung und Erzählhilfen

Auch heute erzählen wir in der „Ich-Form" – aus der Sicht des Festus:

1. Ganz neu im Amt und schon Probleme
   Meine erste Dienstreise nach Jerusalem / Begegnung mit den Hohen-
   priestern und den einflußreichen Juden / Ich durchschaute ihren Vorschlag und entschied mich, für den Mann im Gefängnis von Cäsarea
   kein Risiko einzugehen / Sofortiger Gerichtstermin / Gewühle und
   Gedränge im Verhandlungssaal – da mußten ja handfeste Dinge vorlie-
   gen! / Aber in Wirklichkeit kam nichts – nichts, was Gefängnis und Gerichtsverhandlung nötig machten – nur religiöse Streitfragen / In religiösen Dingen habe ich zu wenig Ahnung. Was kann ich tun, wie soll
   ich mich verhalten?
   Ob ich mit den weiteren Verhandlungen doch nach Jerusalem gehe?
   Dann habe ich zumindest die aufgebrachten Juden ein wenig besänf-
   tigt.

2. Paulus beruft sich auf den Kaiser
   Wie klug dieser Mann antwortet! Er hat recht! / Er soll sein Recht bekommen / Meine Berater stimmten mir zu: Wir verlegen den Prozeß
   nach Rom.

3. Königlicher Besuch an meinem Hof
   Der prunkvolle Antrittsbesuch des Königs Agrippa / Er versteht mehr
   von der Religion der Juden als ich; vielleicht kann er mir raten, was ich
   dem Kaiser schreiben soll / Ein Gespräch unter vier Augen / Ein Ge-
   richtstag im königlichen Glanz – ein unvergeßlicher Anblick! / Ein
   Mann in Ketten in all dem Prunk – welch ein Gegensatz! / Meine Frage:
   Was soll ich mit ihm machen?

4. Der König übernimmt die weitere Verhandlung
   Paulus darf sich verteidigen / Der Mann kann reden! Der hat ein Wissen ... / Dem muß man einfach zuhören; unglaublich, was er alles erlebt
   hat ... / Das werde ich wohl nie wieder vergessen. Mich faszinierte alles, es machte mich aber gleichzeitig auch wütend / Du bist verrückt,
   Paulus! / Doch dieser Paulus war und ist nicht verrückt, er ist mutig,
   gebildet, offen und gradlinig. Er sprach sogar den König direkt an:
   Glaubst du, König Agrippa? / Ich höre noch, was der König antwortete: Es fehlt nicht viel und du überredest mich ... / Paulus stand in Ketten gebunden vor uns. Er zog sie hoch, so gut es ging, und rief: Wenn
   es doch nur so wäre, daß ihr alle so würdet, wie ich bin – nur ohne diese
   Fesseln!

5. Die Verhandlung wird beendet

   Die letzten Worte des Wanderpredigers rissen alle von ihren Stühlen / Eine kurze Beratung folgte – wir kamen zu dem einstimmigen Beschluß: Paulus ist unschuldig / Aber er hatte sich auf den Kaiser berufen. Das war sein Recht – und meine Pflicht ist es, ihn nach Rom zu schicken.

Wir lernen den Merkvers

Paulus ist mir ein auserwähltes Werkzeug

   meinen Namen vor die Völker und Könige
   wie auch vor die Söhne Israels
zu tragen.
Ich will ihm auch zeigen, wieviel er für meinen Namen leiden muß.

Vor der Erzählung sprechen wir mit den Kindern über den Lernvers.

Wir erarbeiten mit den Kindern – evtl. anhand der Skizzen an der Memo-Rolle –, welche Voraussagen von damals (vgl. Kap. 9) schon erfüllt sind. Welche Aussage trifft (noch) nicht zu? Vor Königen hat Paulus noch nie gesprochen. Davon wollen wir heute hören!

Vertiefung

Paulus ist mir ein auserwähltes Werkzeug

   meinen Namen vor die Völker
   und Könige
   wie auch vor die Söhne Israels
zu tragen.
Ich will ihm auch zeigen, wieviel er für meinen Namen leiden muß.

Eigene Gedanken zur Lektion

37 Eine Warnung wird in den Wind geschlagen

Text

Apg. 27,1-26: Auf der Fahrt nach Rom – 1. Teil

Lernvers

Sei unbesorgt! So wie du in Jerusalem mein Zeuge gewesen bist, sollst du auch in Rom mein Zeuge sein! Apg. 23,11

Hinweise zum Text

Lukas erzählt wieder in der „Wir-Form", er war also auch auf dieser Reise mit dabei.

Vers 1: „Andere Gefangene" – nach dem griechischen Text sind es viele. Von den Straftaten der einzelnen wissen wir nichts; es war gewiß eine sehr buntgewürfelte Schar. Vielleicht waren auch solche darunter, die in Rom in den großen Arenen als Schauspiel für das Volk um ihr Leben kämpfen sollten.

Vers 2-6: Das erste Schiff kommt aus der Stadt Adramyttion, südöstlich von Troas (siehe Karte); das zweite Schiff aus der ägyptischen Hafenstadt Alexandrien. Trotz des ungünstigen Wetters hat es die Besatzung eilig, weiterzufahren. In Rom wurde vom 17. bis 23. Dezember ein großes Fest gefeiert, mit unserem heutigen Karneval zu vergleichen. Trotzt man deswegen allen Gefahren, nur um dort dabeisein zu können?

Vers 9: Die hier erwähnte Fastenzeit fällt auf Ende September/Anfang Oktober. Normalerweise stellte man wegen der Herbststürme dann die Schiffahrt ein.

Vers 21: Paulus spricht noch einmal offen und mutig über das, was ihm vor Tagen niemand glauben wollte. Aber er tut es nicht in überheblichem, sondern in tröstendem und mutmachendem Ton. Er kann so überzeugt auftreten, nachdem ihm ein Engel Gottes erschienen ist. Paulus benutzt eine Redewendung, die vom AT her bekannt ist, und spricht mit den Leuten an Bord über sein Erlebnis.

Gliederung und Erzählhilfen

1. Wir beschreiben ein Schiff von damals – evtl. anhand eines Bildes (V. 1-2)
   Wir erzählen, wer alles zu den 276 Menschen gehörte (Vers 31):
   Kapitän und Besatzung / Offiziere und Soldaten / Mitreisende (z.B. Lukas, der Begleiter des Paulus) / Gefangene.

2. Wir beschreiben die Reise, wie sie geplant war (V. 1-5; 7-8; 12-13)
   Den Weg, den sie wählen (bei größeren Kindern Karte benutzen!) / Die Jahreszeit, in der Schiffahrten sehr gefährlich sind.

3. Die ersten Erlebnisse unterwegs (V. 3-12)
   Paulus darf Freunde aufsuchen – obwohl er ein Gefangener ist / Umsteigen / Eine gutgemeinte Warnung – aber keiner will sie hören.

4. Ist man dem richtigen Rat gefolgt? (V. 13-20)
   Auf Sonnenschein folgt Regen und Sturm / Hilflose Seeleute / Dem Sturm folgt ein Orkan / Hoffnungslose Seeleute.

5. Paulus ist zuversichtlich – er kennt seinen Gott! (V. 21-26)
   Ein mutiger Paulus, ein mutiges Wort / Paulus bekennt sich zu Gott, sagt weiter, was er von ihm weiß.

Schluß: Gott macht Paulus Mut – und Paulus macht seinen Mitmenschen Mut!
Woher bekommen wir Mut und Kraft, wenn wir sie brauchen? / Was sagen wir dann den anderen?
(Vorschlag: Diesen Bericht der Reise nach Rom als spannende Fortsetzungsgeschichte erzählen.)

Wir lernen den Merkvers

Die Satzteile werden von zwei Gruppen im Wechsel gesprochen und mehrmals wiederholt (laut/leise/stehend/sitzend ...), bis jedes Kind den Vers auswendig kann.

Vertiefung

Für die Wandtapete: Die Fahrt nach Rom in 3 Etappen:

1. von Jerusalem
bis auf die hohe See

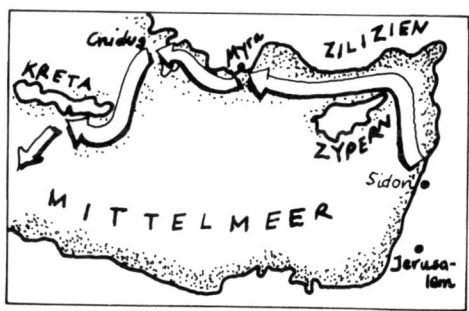

Eigene Gedanken zur Lektion

38 Rettung in letzter Minute

Text

Apg. 27,27-44: Auf der Fahrt nach Rom – 2. Teil

Lernvers

wie vorige Lektion

Hinweise zum Text

Vers 27:   „Adria" nannte man im Altertum auch den Teil des Mittel-
            meeres, der südlich der heutigen Adria liegt. Paulus hat Mut
            zum öffentlichen Gebet – trotz der so schwierigen, für Men-
            schen noch immer aussichtslos erscheinenden Lage.

Vers 42:   Es ist möglich, daß es im allgemeinen Pflicht der Soldaten
            war, so an den Gefangenen zu handeln. Ihnen wären selbst
            schwere Strafen sicher gewesen, wenn auch nur einer der
            Gefangenen entkommen wäre.
            Vielleicht hat der Offizier die Verantwortung voll auf sich
            genommen; damit hätte er sich dann über die üblichen
            Dienstvorschriften hinweggesetzt (vgl. dazu auch V. 3).

Gliederung und Erzählhilfen

1. Vierzehn lange, bange Tage und Nächte (V. 27-29)
    Tagelang weder Sonne noch Sterne gesehen / Wasser – Wasser, von allen
    Seiten Wasser / Mit einem Lot wird die Wassertiefe festgestellt, auch sie
    macht den Matrosen Sorgen.

2. Ein neuer Tag, neue Hoffnung (V. 30-32)
    Aber dunkle Pläne und Machenschaften der Matrosen / Ein offenes
    Ohr für das, was Paulus sagt / Soldaten „gegen" Matrosen.

3. Eine Mahlzeit wird zum Gottesdienst (V. 33-38)
    Paulus hat Mut – und er macht Mut (vgl. letzte Lektion) / Paulus macht

es wie Jesus; er nimmt das Brot, dankt dafür und teilt es aus / Er ißt selbst und macht auch damit den anderen Mut, denn wer sich stark macht für die nächste Aufgabe, hat die Hoffnung nicht aufgegeben.

4. Rettung in letzter Minute (V. 39-44)
   Das Schiff zerbricht, so nahe am Land! / Noch einmal größte Lebensgefahr für alle Gefangene / Eine mutige Anordnung des Offiziers / Auf das, was Paulus sagt, kann man sich verlassen!

Schluß: „Wo sind wir jetzt?" fragen sich die Gestrandeten.
Wir fragen es uns auch / Wer von euch die Landkarte schon kennt, kann ja einmal versuchen herauszufinden, wie die Insel heißt! (Vgl. auch Karte zu Lektion 39.)

Wir lernen den Merkvers

Heute wiederholen bzw. vertiefen wir den Spruch aus Lektion 37, der für beide Lektionen zutrifft.

Vertiefung

Für die Wandtapete:
Die Fahrt nach Rom in
3 Etappen:

2. von Kreta bis Malta

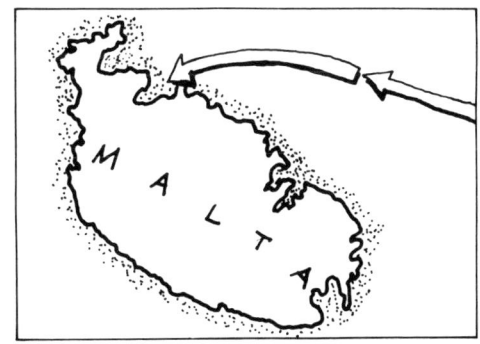

Eigene Gedanken zur Lektion

_____
_____
_____
_____
_____
_____
_____
_____

39 Gott vertrauen bringt zum Ziel

Text

Apg. 28,1-15: Auf der Fahrt nach Rom – 3. Teil

Lernvers

Jesus sagt: Alles ist möglich, wenn du mir vertraust! Mark. 9,23

Hinweise zum Text

Vers 1:	Malta – eine kleine Mittelmeer-Insel, ca. 100 km südlich von Sizilien.
Vers 3-6:	„Ich glaube nur, was ich sehe", sagen viele Menschen. Die Leute auf Malta denken genauso. Bei Paulus lernen sie: Wer Gott vertraut, erlebt Wunder.
Vers 7:	Malta gehörte zur römischen Provinz Sizilien. Publius war wohl der oberste Verwalter dieses römischen Staatsgutes.
Vers 8-9:	Was Lukas hier als Augenzeuge (und Arzt) schreibt, berichtet Paulus mit seinen Worten z.B. im Brief an die Römer (Kap. 15,18f.).
Vers 11:	Nach drei Monaten: also im Februar, ein für die damalige Zeit sehr früher und damit gefahrvoller Termin. Ob das „Zeichen der Zwillinge", das den Seefahrern damals als „Schutzheilige" galt, zu dem frühen Aufbruch ermutigte? Paulus und Lukas jedenfalls legen den heidnischen Bildern keine Bedeutung bei.
Vers 13:	Puteoli war für die Hauptstadt Rom damals noch der wichtigste Hafen.
Vers 15:	Forum Appii (Appifor), bzw. Tres Tabernä (Tretabern), ca. 60 km von Rom entfernt.

Gliederung und Erzählhilfen

Wir teilen die Kinder in 3 Kleingruppen auf und lassen sie als Pantomime (Stummspiel) folgende Texte spielen:

1. Auf einer Wanderung werden wir von Kälte und Regen überrascht. Wir machen ein Feuer, um uns zu wärmen. Alle bringen Holz und Reisig herbei. Einer übersieht eine giftige Schlange, die sich an seiner Hand festbeißt. Er schleudert sie ins Feuer ... alle schauen entsetzt zu.

2. Wir sind in einem sehr vornehmen Haus eingeladen. Einer aus der Familie (der Vater) wird krank. Was tun wir jetzt? Wir beten. Und beten hilft! Der Kranke wird wieder gesund. Aus dem Dorf werden nun alle Kranken gebracht. Alle werden gesund!

3. Wir gehen auf Fahrt – mit einem Schiff. Bei der Ankunft am Ziel erleben wir eine Überraschung: Wir werden erwartet! Herzliche Begrüßung – Freude auf allen Seiten.

Nun wird erraten, was die Gruppen gespielt haben. Danach stellt jede Gruppe ihren Text vor.

Als Überleitung zur Erzählung der dritten und letzten Reiseetappe auf dem Weg nach Rom lernen wir zuerst den Spruch:
Wir schreiben den Spruch auf Papierstreifen und „mogeln" zwei Worte ein, die nicht dazugehören: „Nicht" und „nichts".
Die Wortstreifen legen wir für alle sichtbar auf einen Tisch oder auf den Boden.
Wer kann die Worte in die richtige Reihenfolge bringen?

Den „richtigen" Spruch sprechen wir einige Male miteinander. Anschließend erzählen wir, wie die letzte Reiseetappe nun wirklich verlief.
Die Stellen, an denen Paulus erfuhr, was Jesus uns allen versprochen hat, heben wir besonders hervor:

Vers 5: Paulus glaubt nicht an den Zufall, er glaubt und vertraut allein Gott.

Vers 8-9: Paulus weiß: Was Jesus verspricht, hält er bestimmt. „Nichts" und „nicht" gehören nicht in sein Denken.

Vers 14-15: Christen lieben einander, weil Gottes Geist in ihnen ist. Sie „kennen" sich, auch wenn sie sich noch nie gesehen haben.

Vertiefung

Wir kleben den Merkvers auf die „Memo-Rolle".

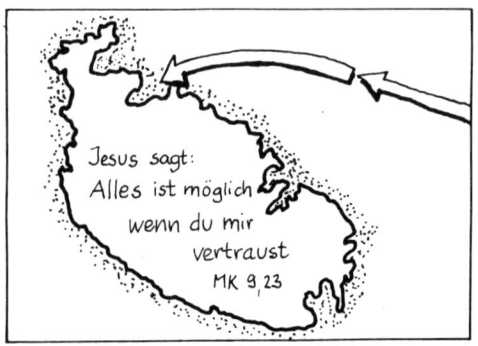

Die Fahrt nach Rom in 3 Etappen:

3. von Malta nach Rom

Eigene Gedanken zur Lektion

40 Das Ziel ist erreicht

Text

Apg. 28,15-31: Ankunft in Rom

Lernvers

Ewiges Leben wird er denen geben, die sich durch nichts davon abbringen lassen, Gottes Willen zu tun. Römer 2,7

Hinweise zum Text

Vers 15-16:   Paulus kommt in doppelter Eigenschaft nach Rom: Als Apostel und als Gefangener.
Als Gefangener hat er sich jeder Anweisung der Römer zu fügen. Er darf zwar seine Wohnung selbst wählen, aber sonst ist er sehr stark eingeschränkt. Unmöglich ist es z.B., seine Wohnung zu verlassen. Er ist angekettet (V. 20) und ständig bewacht.

Vers 17-20:   Paulus kennt kein „Nichtstun" – kaum hat er seine Bleibe gefunden, da kümmert er sich auch schon um die Menschen in Rom; zuerst, wie es seinem Grundsatz entspricht, um seine Brüder, die Juden.
Er sucht keine Rechtfertigung für sein Handeln und seine Entscheidung, die ihn als Gefangener nach Rom gebracht hat. Er sucht eine Klarstellung.

Vers 21-22:   Zuerst scheint alles sehr gut zu werden. Kontakte sind da, Gespräche werden geführt; falsche Anschuldigungen von seiten der Juden, wie sie sonst an fast allen Orten vorkamen, gibt es hier nicht.

Vers 23-24:   Paulus legt seinen Brüdern, den Juden, das Gesetz des Mose und die Worte der Propheten aus – aber er tut es in so enger Bindung an Jesus Christus, daß es unter den Juden nun auch hier zu geteilten Meinungen kommt.

Vers 28-31:   Zuerst den Juden, dann den Heiden – so geschieht die Missionsarbeit auch hier in Rom.
Zwei Jahre lang ist die Wohnung des Paulus sein „Gefäng-

135

nis" und sein „Gottesdienstraum" zugleich. Menschen kommen und hören – seine Fesseln sind dabei kein Hindernis!
Der Schluß der Apostelgeschichte läßt die Frage offen, wie es mit Paulus und Lukas nach den zwei Jahren weiterging. Wir sollten die Frage auch offen lassen, mutmachend und ermutigend für die Kinder, die es so wie Paulus lernen wollen, in allem Gottes Willen zu tun.

Gliederung und Erzählhilfen

1. Paulus blickt mit neuem Mut in die Zukunft (V. 15)
   Endlich in Rom, trotz aller Strapazen unterwegs mutmachende Begegnung mit Christen, die sich bis dahin noch nicht kannten / Das Wissen: Gott will, daß ich hier bin! (vgl. Kap. 23,11).

2. „Wohnung" oder „Gefängnis"? (V. 16)
   Paulus darf sich eine Wohnung wählen (und bezahlen) / Keine Gefängnismauern, keine vergitterten Fenster, keine festverriegelten Türen / Trotzdem Gefangener, denn er wird ständig durch Soldaten bewacht / Ausgehverbot / Angekettet.

3. Fesseln und lauschende Ohren fremder Soldaten können Paulus nicht zum Schweigen bringen (V. 17-22)
   Seine Helfer, bestimmt auch Lukas, gehen und laden ein – die „führenden Männer", also die wichtigsten Persönlichkeiten unter den Juden / Und sie kommen!
   Paulus will Vorurteile ausräumen – aber er braucht es nicht. Hier in Rom hat noch niemand nachteilig über ihn geredet / Die führenden Juden begreifen, daß Paulus ein unschuldig Gefangener ist / Aber begreifen sie auch, daß Paulus nicht nur ein Gefangener, sondern auch ein Apostel und Missionar ist?

4. Einen ganzen Tag lang Predigt und Gespräch (V. 23-29)
   Viele lassen sich einladen, sind offen und bringen viel Zeit zum Hören mit / Paulus erklärt die Bibel und macht immer wieder klar, wer Jesus ist: Sohn Gottes, Heiland und Herr / Gott ja, das ist klar – aber Jesus? Nein, immer wieder nein! / So entscheiden die meisten Juden, die Paulus zuhören. Sie können einfach nicht einsehen, daß Jesus für sie von Bedeutung sein soll.

5. Zwei Jahre lang Missionar in Rom – trotz Ketten – trotz Soldaten (V. 30-31)
   Wer kommt, nachdem die Juden, die Männer des Volkes, zu dem Jesus

und Paulus gehören, nicht mehr zuhören wollen? / Leute aus Rom – Junge und Alte, Kleine und Große, Kluge und weniger Kluge, Frauen und Männer / Keiner wird weggeschickt / Alle hören zu, wie sehr Gott diese seine Welt liebt, wie groß die Liebe Jesu als Gottessohn war und ist / Viele öffnen ihr Herz für Jesus als ihrem Herrn / Das war für Paulus der schönste Lohn, das schönste Geschenk!

Wir lernen den Merkvers

Wir bereiten den Spruch in Einzelteilen vor – möglichst für jedes Kind ein Teil (etwa in Postkartengröße) zum Ausmalen.
Wir lernen den Spruch und denken gemeinsam darüber nach, für wen dieser Spruch ganz persönlich gilt (oder gelten könnte)
– zur Zeit der Apg.
– aber auch heute, in unserer Zeit.

EWIGES LEBEN WIRD ER DENEN GEBEN, DIE SICH DURCH NICHTS DAVON ABBRINGEN LASSEN, GOTTES WILLEN ZU TUN! RÖMER 2,7

Vertiefung

Die ausgemalten Teile des Spruches kleben wir als Abschluß in die „Memo-Rolle" ein.

Eigene Gedanken zur Lektion

Anhang

Neben der Memo-Rolle ist das Arbeiten mit einer Landkarte eine weitere Möglichkeit, die Kinder an den behandelten Stoff zu erinnern und die Ereignisse gegenwärtig zu halten.

Die beiden folgenden Landkarten zeigen die Reiserouten des Apostels Paulus. Nach der Lektion können die Skizzen, die wir mit den Kindern erarbeitet haben, an die gekennzeichneten Stellen eingeklebt werden. Wir müssen jedoch zuerst entscheiden, ob zwei größere Landkarten im Gruppenraum aufgehängt werden sollen oder ob jedes Kind seinen eigenen Plan erstellt, den es dann – zu einem Buch zusammengefaltet – mit nach Hause nehmen kann. Auch beides ist möglich.

Landkarten und Zeichnungen sind mit Hilfe der Rastermethode (vgl. Seite 9) oder eines entsprechenden Kopierers auf die gewünschte Größe zu bringen. Dabei ist das richtige Größenverhältnis wichtig. Übernimmt man die Skizzen 1:1, dann sollten die Karten wenigstens um das vierfache vergrößert werden.

Im Anschluß an die Landkarten liegen zu jeder Etappe Zeichnungen vor, wie sie in diesem Buch als Vertiefung vorgeschlagen sind. Sie können übernommen werden, wobei es natürlich jedem Mitarbeiter überlassen ist, mit seiner Gruppe ein anderes oder verändertes Motiv als Vertiefung und Erinnerung zu erarbeiten.

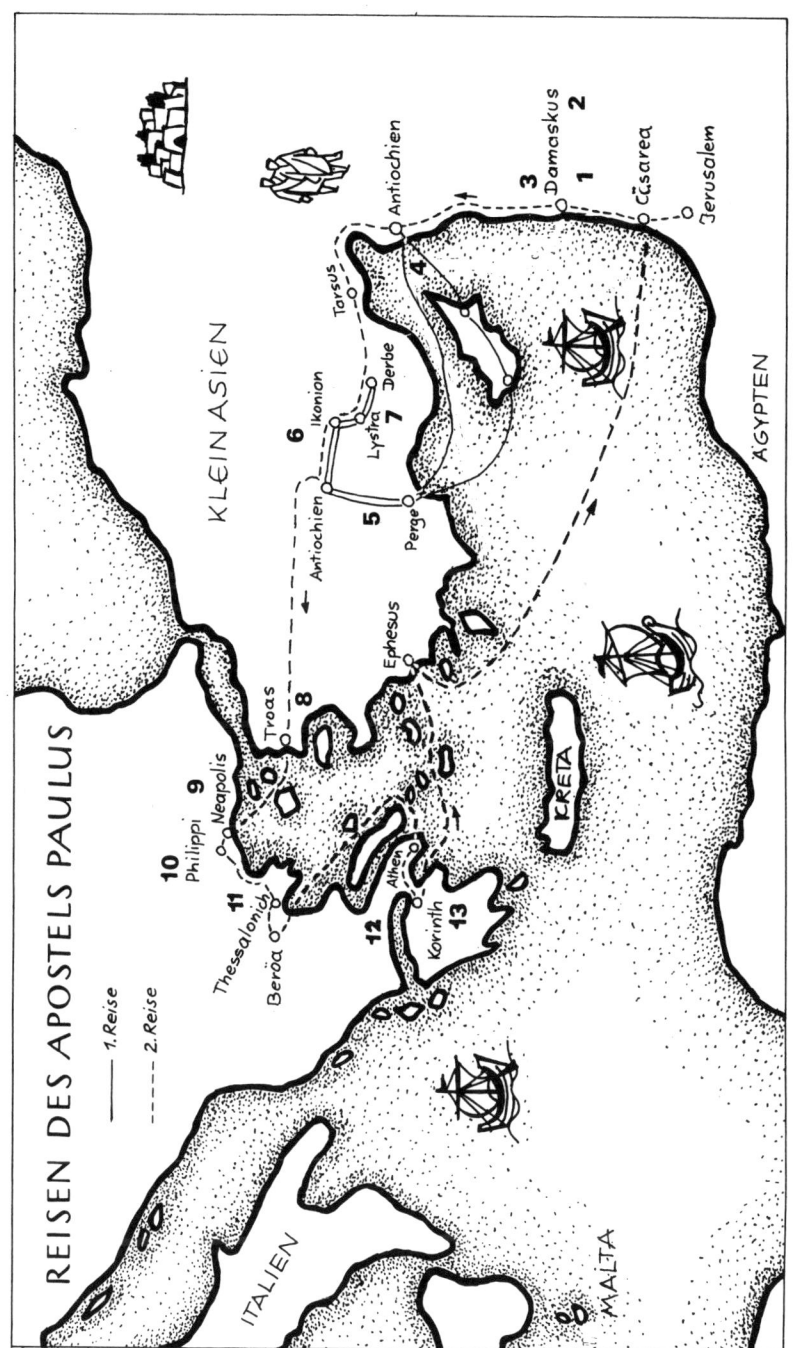

REISEN DES APOSTELS PAULUS

— 1. Reise
--- 2. Reise

KLEINASIEN

Damaskus **1**
2
3 Antiochien
Cäsarea
Jerusalem
Tarsus
Ikonion
6
Lystra
7 Derbe
Antiochien
5 Perge
Troas **8**
Ephesus
Neapolis **9**
Philippi
10
Thessalonich **11**
Beröa
Athen
12
Korinth **13**
KRETA
ÄGYPTEN
ITALIEN
MALTA

139

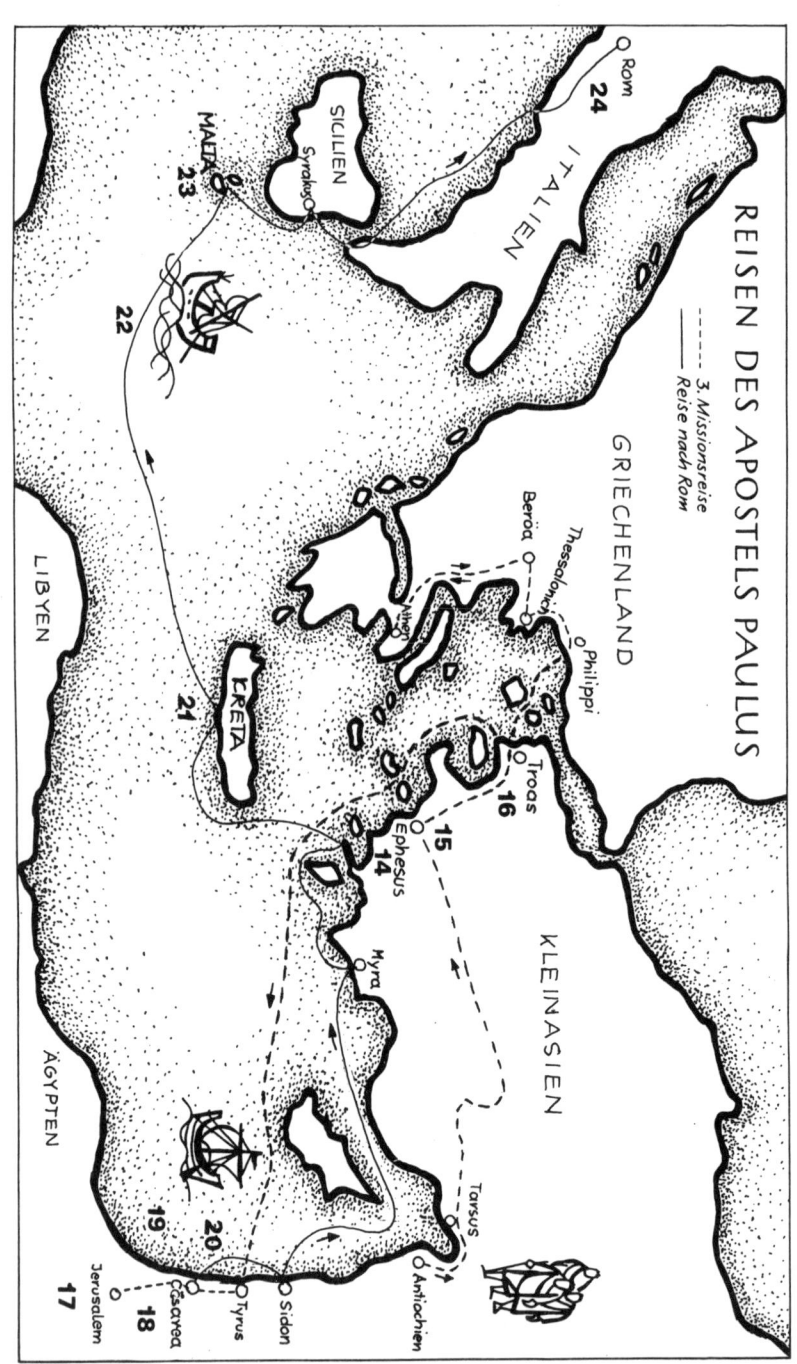

REISEN DES APOSTELS PAULUS

- - - - 3. Missionsreise
———— Reise nach Rom

ITALIEN

Rom 24

SICILIEN

Syrakus

MALTA 23

22

GRIECHENLAND

LIBYEN

KRETA 21

Beröa

Thessalonich

Philippi

Troas 16

Ephesus 15

14

Myra

KLEINASIEN

Tarsus

ÄGYPTEN

19

20

Antiochien

Sidon

Tyrus

Cäsarea 18

Jerusalem 17

25 9

Lydia

29 13

Habe keine Angst!
Predige weiter und schweige nicht.
Apg. 18,10

26 10

30 14

Bekennen — lossagen — verbrennen

27 11

31 15

so nicht!

28 12

ICH AUSSER ICH
BIN MIR BIN
DER IST DER
ERSTE KEIN GOTT. LETZTE
UND UND

JESAJA 44,6

32 16

Geben ist seliger als nehmen
Apg. 20,35

- Geben macht mehr Freude
- Der andere froh macht, wird selber froh!
- Nicht nur an sich denken

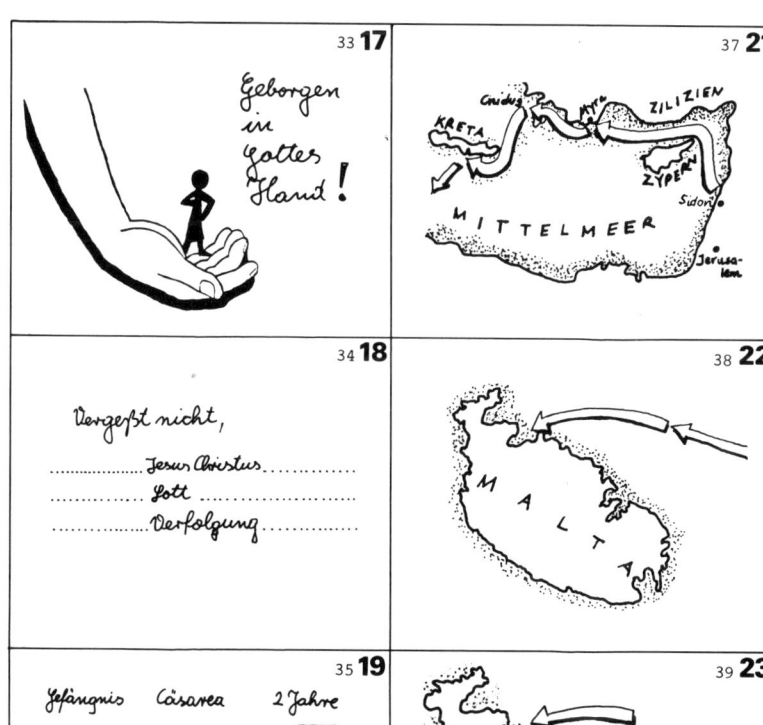

33 / 17 — Geborgen in Gottes Hand!

37 / 21 — Cnidus · KRETA · ZILIZIEN · ZYPERN · Sidon · MITTELMEER · Jerusalem

34 / 18

Vergeßt nicht,

.... Jesus Christus ....

.... Gott ....

.... Verfolgung ....

38 / 22 — MALTA

35 / 19

Gefängnis   Cäsarea   2 Jahre

Wer aber weiß, was richtig ist, und tut es trotzdem nicht, der wird vor Gott schuldig!   Jakobus 4,17

39 / 23

Jesus sagt: Alles ist möglich, wenn du mir vertraust
MK 9,23

36 / 20

Paulus ist mir ein auserwähltes Werkzeug
   meinen Namen vor die Völker
   und Könige
   wie auch vor die Söhne Israels
zu tragen.
Ich will ihm auch zeigen, wieviel
er für meinen Namen leiden muß.

40 / 24

EWIGES LEBEN WIRD
ER DENEN GEBEN, DIE
SICH DURCH NICHTS
DAVON ABBRINGEN LASSEN,
GOTTES WILLEN ZU TUN!
RÖMER 2,7

Die wichtigsten Ereignisse aus den Evangelien

Elisabeth Jakobi
Werkbuch Kinderstunden
Mit Jesus unterwegs
40 Entwürfe zu Ereignissen aus den Evangelien für Jungschar,
Kindergottesdienst und Sonntagsschule
180 Seiten. ABCteam-Werkbuch
3., erweiterte Auflage

Mitarbeiter in der Kinder- und Jungschararbeit haben es oft schwer. Wie
soll man biblische Geschichten und Themen so anbieten, daß die Kinder
bei der Sache sind? Schließlich haben die wenigsten Mitarbeiter eine
pädagogische Ausbildung.
Elisabeth Jakobis Entwürfe für Kinderstunden wollen hier Hilfestellung
bieten. Aufgrund ihrer langjährigen Erfahrung in der Kinderarbeit weiß
die Autorin biblische Texte für 6- bis 10jährige so zu gliedern und aufzu-
arbeiten, daß selbst schwierige Themen kindgemäß entfaltet werden.
Die verschiedenen, didaktisch gut aufbereiteten Lektionen bieten Mitarbeitern eine Fülle von Anregungen. Die vorgestellten Entwürfe für die
Kinderstundengestaltung sind jedoch nicht nur zum „Nachahmen" gedacht. Sie können gleichzeitig ein „Muster" für Mitarbeiter abgeben, an
dem sich „Einstieg", „Gliederung", „Themengestaltung" und „prakti-
sche oder spielerische Umsetzung" lernen läßt.

BRUNNEN VERLAG GIESSEN